公文八讲

刘伦峰 著

中共中央党校出版社

图书在版编目（CIP）数据

公文八讲 / 刘伦峰著 . -- 北京：中共中央党校出版社，2024.4

ISBN 978-7-5035-7692-8

Ⅰ．①公… Ⅱ．①刘… Ⅲ．①公文—写作 Ⅳ．① H152.3

中国国家版本馆 CIP 数据核字（2024）第 048062 号

公文八讲

策划统筹	刘　君
责任编辑	王慧颖
装帧设计	一亩动漫
责任印制	陈梦楠
责任校对	马　晶
出版发行	中共中央党校出版社
地　　址	北京市海淀区长春桥路 6 号
电　　话	（010）68922815（总编室）　　（010）68922233（发行部）
传　　真	（010）68922814
经　　销	全国新华书店
印　　刷	中煤（北京）印务有限公司
开　　本	710 毫米 ×1000 毫米　1/16
字　　数	186 千字
印　　张	13.25
版　　次	2024 年 4 月第 1 版　2024 年 4 月第 1 次印刷
定　　价	58.00 元

微 信 ID：中共中央党校出版社　　　　邮　箱：zydxcbs2018@163.com

版权所有·侵权必究

如有印装质量问题，请与本社发行部联系调换

目 录

前　言　　　　　　　　　　　　　　　　　　／ 1

第一讲　什么是公文
　　一、公文姓"公"　　　　　　　　　　　　／ 3
　　二、千年传承　　　　　　　　　　　　　／ 6
　　三、红头特征　　　　　　　　　　　　　／ 13
　　四、国家标准　　　　　　　　　　　　　／ 17

第二讲　公文的种类
　　一、决议　　　　　　　　　　　　　　　／ 27
　　二、决定　　　　　　　　　　　　　　　／ 28
　　三、命令（令）　　　　　　　　　　　　／ 29
　　四、公报　　　　　　　　　　　　　　　／ 30
　　五、公告　　　　　　　　　　　　　　　／ 31
　　六、通告　　　　　　　　　　　　　　　／ 32
　　七、意见　　　　　　　　　　　　　　　／ 33
　　八、通知　　　　　　　　　　　　　　　／ 34

九、通报	/ 35
十、报告	/ 35
十一、请示	/ 36
十二、批复	/ 38
十三、议案	/ 39
十四、函	/ 41
十五、纪要	/ 42

第三讲　常用公文的行文规则

一、工作文案	/ 47
二、会议文件	/ 52
三、制度规章	/ 54
四、礼仪交往	/ 60

第四讲　公文写作技法

一、框架思维	/ 67
二、"树状结构"	/ 69
三、积木原理	/ 71
四、题西林壁	/ 72

第五讲　破解写作难点

一、抛网打鱼	/ 77
二、结构路线	/ 79
三、拿来主义	/ 81
四、数字为据	/ 83

第六讲　公文写作的场景和语言

一、围海造田　　　　　　　　　/ 89
二、换位思考　　　　　　　　　/ 90
三、线性文字　　　　　　　　　/ 93
四、哲学立面　　　　　　　　　/ 95

第七讲　例文解析

一、领导讲话　　　　　　　　　/ 101
二、典型经验　　　　　　　　　/ 122
三、调研报告　　　　　　　　　/ 147
四、课题研究　　　　　　　　　/ 159

第八讲　公文的目标与价值追求

一、文以载道　　　　　　　　　/ 189
二、居高声远　　　　　　　　　/ 190
三、工匠精神　　　　　　　　　/ 192
四、"三观、两历"　　　　　　 / 194

参考书目　　　　　　　　　　　/ 197

后　记　　　　　　　　　　　　/ 198

前　言

正值本书修改加工之际，中共中央办公厅印发了《关于在全党大兴调查研究的工作方案》(以下简称《方案》)。《方案》指出："党中央决定，在全党大兴调查研究，作为在全党开展的主题教育的重要内容。"[1]本书把调查研究作为党政机关开展工作的源头和起点，按照逻辑行进脉络，发掘出公文具有一根扁担挑两头的特点：一头调查研究是公文之母，公文的诞生来自于调查研究的成果转化；另一头调查研究成果转化为具有法律效力的公文，通过公文的发布实施应用和落脚到加快治理体系和治理能力现代化上。正如习近平总书记讲的"调查研究是谋事之基、成事之道"[2]"是关系党和人民事业得失成败的大问题"[3]。找到了调查研究与公文和地方之治的关系，书稿就有了全新的视角和灵魂，对公文的基本原理和写作技法也就有了新的认识。

公文是公务文书的简称，是党政机关、社会团体、企业组织等法人单位履行职责、开展公务活动的重要依据和凭据。随着经济和社会发展，党政机关公文与人们的生活关联日益密切，有着日益普及的社会属性和价值

---

[1]《中办印发〈关于在全党大兴调查研究的工作方案〉》，《人民日报》2023年3月20日。
[2] 中共中央文献研究室编：《习近平关于全面深化改革论述摘编》，中央文献出版社2014年版，第37页。
[3] 习近平：《谈谈调查研究》，《学习时报》2011年11月21日。

取向，已经成为了解社会发展的重要窗口和开展社会治理的重要工具。从公文的受众面讲，由于人们不可避免地要与社会发生各种联系和打交道，也就不可回避地会遇到和需要读懂公文。从公文的制作和发布主体讲，由于机关开展工作的起点要有依据、理由和目标，行动前要考虑好计划和方案，过程中要拿出依据和凭据，结束后要有总结和汇总，可以说机关工作从动议和起点到过程和终结，全程都是围绕公文展开的。公文是门面和依据，在机关工作中有着极为重要的地位和作用，是公职人员无法回避和必须掌握的要领与基本功。

公文史称文牍，属官府专用文体，因此草拟文稿的人被称为公文案牍。苏轼在《上初即位论治道》之二中记载："而尚书诸曹，文牍繁重，穷日之力，书纸尾不暇，此皆苛察之过也。"郭沫若在《黑猫》一文中，也有"我们一些在省城或府城里读书的人便做了文牍"的记事。明代文学家谢肇淛在《五杂俎》中写道："思虑之害人，甚于酒色。富贵之家，多以酒色伤生，贤智之士，多以思虑损寿。"由此可见，从古至今公文的起草和办理，都是脑力劳动者和读书人专事的苦差事，从事公文写作不仅要有好脑子，更要有好身体，才能经得起"思虑之害"。

公文写作是应用写作领域中具有创意属性的写作，是检验个体理论文化修养和工作应对能力的最直接工种，写作背后隐含的是知识综合运用能力和多种能力素质。著名认知科学家、哈佛大学心理学系教授史蒂芬·平克在《风格语言：21世纪写作指南》中一语道破："写作之难，在于将网状的思想，通过树状的结构，用线性的文字展开。"这里所指的网状的思想，是脑海里各种零散的思考或感悟，它来自我们的所见所知所感，取决于信息量和知识量；树状的结构，是能串联零散感悟的框架，是别人能否阅读下去的关键，考验行文逻辑；线性的文字，就是常说的文笔，描写是否生动，阅读体验是否轻松，都是对文字运用能力的考验，写作之难就在于灵感和想法都是网状零散碎片化的，要收拢发散思维需要作出分类归属的树状组合结构，用语言依次表达为词汇—句子—段落—文章，这个过程是认知和文字的结合过程，是思维与知识的不断循环重组，谈何容易！

党政机关公文是应用文体中最主要的门类和文种，是面对客观事物用萃取的方法，在实践到认识的循环往复中，让混沌和碎片变为清晰和系统、通过解析已知找出变量和未知，从而获取解决现实问题方案的"命题作文"，需要以马克思主义哲学、形式逻辑学和党的理论与路线方针政策为底色，具有公共思维、法理思维和数理思维，以及综合运用多学科专业知识、用朴实直白的创意文字呈现的特点。

本书以《党政机关公文处理工作条例》和《党政机关公文格式》这两部法规作为依据和根本遵循，从追本溯源和语言拆解两方面入手，努力用认识论和方法论破解公文写作之难，阐述党政机关公文的基本原理和写作技法，力推公文的读写普及和应用，让公文像"政府开放日"一样，走向社会面向公众，做到易于了解和掌握，这是本书的定位和目标追求。

第一讲 什么是公文

公文是党政机关在履行职责、开展公务活动中按照特定体式，经过一定程序产生和使用的书面文字材料，具有很强的法定性、政策性、实用性、时效性、针对性、权威性等特点。在看似简洁通俗的文字背后，蕴含着特定的制式规范和管理运行规则，与其他文体无论是结构和语言表达方式，还是创意和思维方式都有着明显差异，完全不同于学术论文和各类体裁的文艺作品。公文具有独特鲜明的应用文体特征，以及领导和指导、教育和训诫、桥梁和纽带、凭证和依据、文档和史料功能。本讲从公文的本质属性、历史延续、基本特征和运行规则等方面切入，阐述公文的特点和基本原理。

一、公文姓"公"

公文是具有法人身份的机关、事业单位、社会团体、企业出具的公务文书，属于应用文体的主要种类之一，通常分为通用公文和专用公文两大类。专用公文是指在一定领域和范围内使用的公文，具有特殊业务部门或行业的特定内容和规定格式，如国书、照会、备忘录、条约等外交公文、军用公文，以及起诉书、判决书、调解书等司法公文，还有经济公文、科技公文、教育文书等。通用公文是指各级各类机关团体单位共同使用的公文，又分为行政公文和事务公文两大类。行政公文主要是指《党政机关公文处理工作条例》（以下简称《条例》）第二章确定的十五种文体；事务公文则包括计划、总结、方案、调查报告、领导讲话、典型经验材料等。行政公文和事务公文二者是互为因果、一脉相承的有机体。行政公文具有法定性，居于核心位置；事务公文是围绕行政公文的诞生和实施展开的。两者一个是具有法律效力的文件，是开展公务活动的依据和凭据，另一个则用于开展工作，是为行政公文提供向前论证铺垫和向后执行跟进的。

《条例》第一章第三条对党政机关公文的概念有明确表述：党政机关公文是党政机关实施领导、履行职能、处理公务的具有特定效力和规范体式的文书，是传达贯彻党和国家的方针政策，公布法规和规章，指导、布置和商洽工作，请示和答复问题，报告、通报和交流情况等的重要工具。第四条至第七条明确提出：公文处理工作是指公文拟制、办理、管理等一系列相互关联、衔接有序的工作；公文处理工作应当坚持实事求是、准确规范、精简高效、安全保密的原则；各级党政机关应当高度重视公文处理工作，加强组织领导，强化队伍建设，设立文秘部门或者由专人负责公文处理工作；各级党政机关办公厅（室）主管本机关的公文处理工作，并对下级机关的公文处理工作进行业务指导和督促检查。

第四章行文规则部分明确提出：行文应当确有必要，讲求实效，注重针对性和可操作性。行文关系根据隶属关系和职权范围确定。一般不得越级行文,特殊情况需要越级行文的,应当同时抄送被越过的机关。

向上级机关行文,应当遵循以下规则:原则上主送一个上级机关,根据需要同时抄送相关上级机关和同级机关,不抄送下级机关;党委、政府的部门向上级主管部门请示、报告重大事项,应当经本级党委、政府同意或者授权;属于部门职权范围内的事项应当直接报送上级主管部门;下级机关的请示事项,如需以本机关名义向上级机关请示,应当提出倾向性意见后上报,不得原文转报上级机关;请示应当一文一事。不得在报告等非请示性公文中夹带请示事项;除上级机关负责人直接交办事项外,不得以本机关名义向上级机关负责人报送公文,不得以本机关负责人名义向上级机关报送公文;受双重领导的机关向一个上级机关行文,必要时抄送另一个上级机关。

向下级机关行文,应当遵循以下规则:主送受理机关,根据需要抄送相关机关。重要行文应当同时抄送发文机关的直接上级机关;党委、政府的办公厅(室)根据本级党委、政府授权,可以向下级党委、政府行文,其他部门和单位不得向下级党委、政府发布指令性公文或者在公文中向下级党委、政府提出指令性要求。需经政府审批的具体事项,经政府同意后可以由政府职能部门行文,文中须注明已经政府同意;党委、政府的部门在各自职权范围内可以向下级党委、政府的相关部门行文;涉及多个部门职权范围内的事务,部门之间未协商一致的,不得向下行文;擅自行文的,上级机关应当责令其纠正或者撤销;上级机关向受双重领导的下级机关行文,必要时抄送该下级机关的另一个上级机关。

同级党政机关、党政机关与其他同级机关必要时可以联合行文。属于党委、政府各自职权范围内的工作,不得联合行文。党委、政府的部门依据职权可以相互行文。部门内设机构除办公厅(室)外不得对外正式行文。

第五章公文拟制部分,把拟制过程细化为起草、审核、签发等程序。要求做到:符合党的理论路线方针政策和国家法律法规,完整准确体现发文机关意图，并同现行有关公文相衔接；一切从实际出发，分析问题实事求是，所提政策措施和办法切实可行；内容简洁，主题突出，观点鲜明，结构严谨，表述准确，文字精练；文种正确，格式规范；深入调查研究，充分进行论证，广泛听取意见；公文涉及其他地区或者部门职权范围内的事项，起草单位必须征求相关地区或者部门意见，力求达成一致；机关负责人应当主持、指导重要公文起草工作。

第二十条规定：公文文稿签发前，应当由发文机关办公厅（室）进行审核。审核的重点是：行文理由是否充分，行文依据是否准确；内容是否符合党的理论路线方针政策和国家法律法规；是否完整准确体现发文机关意图；是否同现行有关公文相衔接；所提政策措施和办法是否切实可行；涉及有关地区或者部门职权范围内的事项是否经过充分协商并达成一致意见；文种是否正确，格式是否规范；人名、地名、时间、数字、段落顺序、引文等是否准确；文字、数字、计量单位和标点符号等用法是否规范；其他内容是否符合公文起草的有关要求。需要发文机关审议的重要公文文稿，审议前由发文机关办公厅（室）进行初核。第二十一条规定：经审核不宜发文的公文文稿，应当退回起草单位并说明理由；符合发文条件但内容需作进一步研究和修改的，由起草单位修改后重新报送。第二十二条规定：公文应当经本机关负责人审批签发。重要公文和上行文由机关主要负责人签发。党委、政府的办公厅（室）根据党委、政府授权制发的公文，由受权机关主要负责人签发或者按照有关规定签发。签发人签发公文，应当签署意见、姓名和完整日期；圈阅或者签名的，视为同意。联合发文由所有联署机关的负责人会签。

从以上引用的《条例》具体条款不难看出，公文的制作是组织行为和集体智慧的结晶。其署名和落款、内容的选择和种类、权责边界和审核签发，都是在法律授权范围和上级政策框架内以组织名义出现的，是经过组织程序产生最终由部门主要领导签发后发布执行的，代表的是组织，传递的是具体公务属性的文件，因而具有法定性、社会性、严肃性和权威性等特点。这是公文姓"公"不姓"私"的最为明显之处，也是公文起草不同于诗歌、小说、散文等文学作品创作和学术论文写作之处。文学作品创作和学术论文写作都属于个人创作，是以个体名义出现的，本身就要求具有鲜明的个性特征，写作时完全是按照自己思路随性发挥，以追求个性和独特性为准则。

公文虽然也属于创意写作，也是出自公职人员个体之手，但这里的个体不再是自然人身份，而是职务身份和履职角色，而且还要经过一定的组织程序认定和反复修改论证才能完成，有的还要广泛征求各方意见和建议，是按照工作岗位所承担的职责分工逐级审核认定接力式协作完成的。对起草者而言，要防止把岗位身份与自然人身份混淆，切不可把公文视为私文和私信，更不能对不同意见产生抗体和有排他性，要把质疑甚至否定作为深入求证和推敲完善的必要环节，以及改变提高自己的成长机会对待，始终把握公文姓"公"这个根本属性。与之相关的另一个问题就是公文署名与个人角色之间的关系问题。有的公文根据工作需要是以个人署名形式出现的，这主要是考虑到工作场景和对象，以个人署名更合适，效果会更好，但这里的个人是附着了职务身份的个体而绝非自然人，是履职行为不是个人行为，发表的观点和想法也不是私文和私信。

公文以个人署名形式出现主要是用于事务公文中，虽然不具有文件的法定效力，但具有对公文的解读和说明价值。像领导讲话、主旨演讲之类的文稿，就是以领导者的职务身份谈职责内工作，个人署名附着职务身份和履职内容。

二、千年传承

"公文"一词始见于东汉《后汉书·刘陶传》："但更相告语，莫肯公文。"惟当时称公文者极少，多称"文书""文簿""文案"等，最早称作"书契""六辞""公牍""案牍"。到三国时"公文"的称谓逐渐增多，是法定机关和其他社会组织在公务往来活动中所形成的文书材料。公文产生于奴隶社会时期，始见于甲骨文卜辞。这个时期的典籍《尚书》，是最早的公文汇编。《尚书》中的文章分为六种体式：典、谟、训、诰、誓、命。其中，"典"用于记述典章制度，"谟"是议政的策论，"训"是进行教诲开导的论说文，"诰"是进行训诫的文告，"誓"是军队出征的誓词，"命"是君主的命令和诏书。这些文体跟现代的命令、决定、决议、指示、布告、公告、通告、通报、报告等，有很多近似之处。先秦时代公文开始仅仅只有诰、誓、命等简单几种，只限于君主施政的需要，到西周王朝统治时期产生了几种应用文书、盟约文书等，春秋战国时期公文成为传达政策、法令等重要工具。

这个时期公文制作开始有了严格的限制，其特点有三个方面：一是有周密的制作过程。为适应诸侯之间激烈交锋，各国都开始注意公文质量。孔子曾经说过，郑国制作一篇文件要经过四道手续："裨谌草创之，世叔讨论之，行人子羽修饰之，东里子产润色之。"公文起草制作开始有了团队协作分工和工作流程。二是有年月日的使用。殷商时期开始，公文有了记载年月日的制度，记年称为"祀"或"司"等，记月采用界乎年月之间的"祀季"记法，记日用天干地支配成六十甲子。公文有了年月日的使用，就更能体现严肃性和行政效力，也便于保管和整理。三是规定了签名和加印制度。用签名和印章表达权威性和信用，到了战国时期各国间来往公文或上级下发的命令都要加盖印记。公文上加盖官印的传统，从此开始确定和流传下来，并由此催生了印章制作艺术。

纵观自先秦至清两千多年的公文制作制度，历代王朝都把文书制作摆在相当重要位置。在皇权至上的时代，各朝各代丞相、宰相及内阁中的最高长官，最主要的一项是参与机谋，参与诏令文书起草、审议和传达。丞相以下掌文辞翰墨的秘书官员，通过文书制作以代言可左右政务，因而有特有的尊贵性。概括地说，秦汉至明清的官场公文可分三类：皇帝御用文书、官僚奏疏、官府行移。由于君主专制、纲常伦理和各个时期文风的影响，三类公文的具体形式及内容，在各个朝代又依时间的推移而有所变化。

皇帝御用文书。秦始皇创建皇帝制度，正式把皇帝的文书分为

"制""诏"两种，即所谓"命为制，令为诏"。制书是皇帝颁布制度的命令，诏书是一般政务文告。后世皇帝御用文书的名目越来越复杂繁琐，包括制、诏、诰、旨、册、策、谕、令、檄、牒、札等。尽管如此，仍可沿"制""诏"旧例，分为发表重大制度、典礼、封赏的文书和处理日常政务的文书两大类。皇帝诏旨等御用文书，通常由宰相、宫廷侍从等根据皇帝个人的意志草拟，并经皇帝审核颁布天下。掌管草拟诏旨的官僚，随而成为朝廷行政中枢所在和皇帝进行日常政务决策的协助者。有些时候皇帝也躬自拟诏旨，下发官府执行，如汉代的"诏记"，唐代的"斜封墨敕"，宋代的"手诏"，清代的"朱批谕旨"等。这种做法随意性很大，不合乎朝廷正规典制，又往往最能反映皇帝独裁的个人意志，颇受官僚们的重视，甚至被置于一般诏旨之上。

官僚奏疏。皇帝的君父地位确立后，职业官僚有义务经常向皇帝呈送奏疏，用以报告政务或贺节谢恩。官僚奏疏是上行文书中数量最多的部分，有章、奏、表、状、疏、笺、题、议、片、制对、露布、揭帖、札子等，一般称为上疏或奏疏。贺节谢恩的表章、奏笺，主要在国家节庆、皇帝诞辰及受到恩宠封赏之际使用，多是歌功颂德、吉祥恭敬，是表达奴仆般效忠的形式。报告政务的奏疏，内容比较广泛，举凡财政税收、军情盗贼、土地人口、礼教吏治、天时雨雪、农田收成等情况，朝廷各部门和地方长官都要奏报皇帝。政务奏报是臣僚个人上奏皇帝的，而不是上奏给宰相等上司的，表明官僚原则上只与皇帝保持臣属关系，只对皇帝负责，只效忠于皇帝个人。

秦代官僚奏疏的门类名称初具规模。据萧统《文选》卷三十七表上李善注，三王以前，臣下言事晓上，谓之"敷奏"。秦始改称"表"，而且把敷奏分为四种："谢恩曰章，陈事曰表，劾验政事曰奏，推复平论，有异事进之曰驳。"最早把上下尊卑关系带入臣僚奏疏的是秦朝，皇帝文书称"制""诏"，群臣上书称"昧死"。秦朝还创造奏章中遇皇帝等字必须提行的"颂圣之体"，后世不断升级变本加厉，稍有违犯，就会被指斥为文字失检等大不敬罪。

两汉沿袭秦制官僚奏疏仍分章、表、奏、驳议四种。汉初奏疏开头仍称"昧死",王莽新朝后景慕古法废去"昧死",奏疏开头改为"顿首",然而结尾又加"顿首顿首,死罪死罪"。两汉臣僚奏疏中一般需在左方下附录奏者的官衔名字,公卿、校尉、诸将军,只具名不具姓。一般表章不密封,若奏言系秘密事宜,则盛以黑色布囊外黑内素有固定程式。不合乎程式不得以公驿递上,边塞上言紧急军事用赤白布囊包装。

唐宋时期臣僚奏疏有了新的发展。唐代盛行表状,一般官员给皇帝的上奏称"表",与皇帝比较亲近的大臣奏疏称"状"。宋代表和奏使用较多,表用于陈谢,奏用于政事上闻,后一种场合或用札子。书写用纸及格式方面,自魏晋奏状多用黄纸,唐宋略变其规表章封皮上另附纸略举事目,称为"引黄"。宋人奏状、札子不用黄纸而用白纸,若言意未尽则另用黄纸粘于札状之尾。唐宋臣僚奏疏虽剔除了"昧死""死罪"之类的奴颜卑下辞藻,但"诚惶诚恐""顿首稽首"等词语十分流行。通常表奏多以"右臣伏以……"开头,中间夹"中谢""中贺"等语,状尾或书"谨奏",或书"伏候敕旨"。

明代臣僚奏疏分为奏本和题本两种。奏本用于私事,如"乞恩,认罪,缴敕,谢恩,并军民人等陈情建言申诉等事,并用奏本"。而"一应公事用题本"。奏本臣民通用,题本则专属官僚。明廷规定奏本纸高一尺三寸,题本比奏本小而字稍大。题本每幅六行一行二十格,抬头两字平行十八字,其余对衙门官衔、姓名、户籍以及状尾"谨奏闻"等书写格式也有详细规定。题本、奏本以外少数内阁大臣或以揭帖形式上奏。揭帖系秘密奏事,惟阁臣得以使用。凡有军国要事,阁臣书奏其上,用文渊阁印封缄直送御前,左右近侍不得中途拆阅。

清初袭明制仍以奏本、题本为法定的臣僚上奏文书,其适用范围也与明代相同。康熙、雍正二帝又在奏本、题本之外另增一种奏折,是部分高级官吏及皇帝近臣受皇帝特许直接上奏径送宫中,交皇帝亲自审阅的上奏形式。清廷还规定题本用印,奏本不用印,字数清初曾作过限制,无论题本奏本字数不得超过三百字,题本中允许使用的"贴黄"也不得超过百字,凡超过三百字的必须声明所言至关重要。直至雍正重新规定：凡条奏紧急公事，务求详明畅达，不必顾忌字数限额。题本、奏本的书写行款均为每幅六行，每行二十字，题本纸幅稍宽，奏折纸幅仅相当于题本的五分之三。题本、奏本及奏折还有许多不成文法的忌讳、陈规。如督抚等大吏命人赴京师投折，必须事先核计到京之日是否有庆典忌日，并告诫差人避忌之日勿投递。章奏中所涉及的刑名罪犯，若与庙号、谥号相同也须易字避讳。如"圣"改作"荦"，"仁"改作"茫"等。清中叶由于奏本题本名目多不便于审阅披览，乾隆十三年（1748）废除奏本专用题本。清末光绪帝又改题为奏，索性废掉题本一律使用奏折。

官府公文还包括判词和议札。判词即判决狱案之词，唐吏部铨试分身、言、书、判四项，判词之试居其一，在唐宋官场相当受重视。"判者，断决百事，真为吏所切。故观其判，才可知矣。"一些居官公清者往往因为"短于判词"，而影响"褒升"。另外，元代各衙门实行群官圆签负责制，办理政务多有议札，自正官、首领官，依次签押判牍而决事，议札记载了与议各官处理政务的意见和签名，是各级官衙行政决策的结果，也是上司和监察官稽查违错的依据。

官府行移，需要官吏的结衔押字，以防伪造和滥用。押字又称押署，多是在官衔之下又书写姓名，而且要求楷书须本官亲自署字。魏晋南北朝时期不少官僚署名于首尾纸缝间，或谓押缝或谓押尾。宋代公文结衔押署，一般只押姓不署名，常在姓之下空一格，而且改楷书为行书。元代蒙古人、色目人充任长官多不识汉字无法执笔押署，于是多使用象牙或木块刻成印章代替署名，宰相等一品大臣可经皇帝特旨批准，使用玉石名章押字，给公文押署制带来不小变化。

官府公文还受到各个时期文风的影响，而流行一定的书写文体。如汉魏官府公文多用四字，简明易懂，宛转可诵。公牍四字文不久又发展为骈偶文，讲究四六格式，运实于虚，曲折尽意。骈偶文体的公文华而不实，很难满足上而奉宣德音、下而通达民隐的需要。北周苏绰回返古朴变奢从俭，骈偶公文受到很大冲击，然而唐宋之际官场判词仍有一些沿用四六骈文的。

民国时期南京临时政府于1912年公布了新的公文程式，规定公文文种为令、布告、状、咨、公函、呈、批七种。这是一次公文名称的革命，但公文内容仍用文言文。北洋政府1927年改公文文种为十个，即令、通告、训令、指令、委状、呈、咨、咨呈、公函和批。1928年取消咨呈和状，改通告为布告。

新中国成立后，1950年12月政务院秘书厅发布《公文处理暂行办法（草案）》，规定公文种类为八类十种，包括函、令、决定、指示、报告签报、批复、布告、通报通知。1987年2月，国务院办公厅发布《国家行政机关公文处理办法》规定公文种类为十类十五种，即：命令（令）、指令；决定、决议；指示；布告、公告、通告；通知；通报；报告、请示；批复；函；会议纪要。2012年4月16日，中共中央办公厅、国务院办公厅印发《党政机关公文处理工作条例》，将党政机关公文文种确定为十五种：决议、决定、命令（令）、公报、公告、通告、意见、通知、通报、报告、请示、批复、议案、函、纪要。不仅种类更加简化明了，而且在第五章公文拟制第十九条明确要求：公文起草应当做到一切从实际出发，分析问题实事求是，所提政策措施和办法切实可行；内容简洁，主题突出，观点鲜明，结构严谨，表述准确，文字精练。当前，党政机关执行的就是这份《条例》。

通过公文的上述演变可以看出，公文的每一次发展变化，都是与科技发展、时代进步、体制不断创新紧密相联。当今世界各国虽然政治体制不同，文化各异，但在科学技术迅猛发展、世界经济一体化日渐明显的今天，公文写作的发展趋势却大致相似，主要表现在以下六个方面：

一是经济化和规则化趋势。随着对外开放的深入和经济全球化的发展，人类社会互联互通步伐加快，命运共同体意识普遍增强。公文是社会发展的时代产物，与经济社会发展是相互适应和协调一致的。经济和社会发展日益全球化趋势必然带来规则化，党政机关公文作为履行职责、治国理政的工具，必须遵循经济发展规律和规则框架。

二是专业化和学术化趋势。经济和社会发展全球化带来的复杂性和不确定性增加，科技发展带来的专业性使社会发展和市场变化越来越细分，社会分工日趋专业化和技术化，这必然对公文提出科学化和专业化要求，以适应社会发展的需要，满足社会发展的需求，并促进经济和社会更加有序、有效地运行，更好地承担起公文所具有的行政履职和社会治理属性。

三是信息化和规范化趋势。科学技术的发展促进了计算机技术的改革与创新，由于计算机具有模拟分析问题、处理事务和计算等能力，由此也伴随着人工智能时代的来临。电脑写作是一次深刻革命，公文的载体由绳子演进为龟甲再变为竹片、木片、陶瓷、铜铁，最后演变为纸张延续了几千年，信息社会因电脑而不再仅仅依附于纸笔和视野可及的物理空间，还有更为广阔无限的网络空间，公文的发展也要顺应社会和技术变革。

四是便捷化和高效率趋势。计算机和人工智能使记忆存储和检索变得更加便利，甚至出现了智能写作的计算机软件。公文作为具有极强实用性的文体，随着社会节奏的加快，其时效性的要求也越来越高。特别是当今社会时间和效能观念日益深入人心，传统的公文写作和传递已经有了根本性改变，虽然这并不能表明公文的功能在削弱，但需要转换成另一种形式来发挥更大作用。

五是社会化和民众化趋势。公文的社会化除了要和社会教化联系起来外，更重要的是还承载着规范社会成员行为、调整社会利益关系的作用，使之符合社会整体利益、维护社会和谐有序发展，既保护每个社会成员的个体利益，又使社会结构适时得以合理的调整和维护。在法治社会中，公文的社会化趋势愈来愈明显，愈来愈显示其干预社会生活、实施有效社会治理的趋势。

六是多语化和国际化趋势。在我国官方语言一律采用中文，企业商业往来也以中文为主。改革开放后随着国际交往的日益深入，企业在广告、产品说明文等方面已经出现双语化趋势，公文也随之向着多语化方向发展。公文起源于人类的社会活动，并在社会生产和社会生活中，随着物质文明、精神文明、政治文明的发展而不断发展，具有立足本国借用外来的国际化发展趋势。

三、红头特征

民间对来自官方的公文有"红头文件"的俗称，这一称谓始于南北朝西魏时期。因官方发布的公文经常套有象征权威的醒目大字"红头"，以及加盖红色印章而得名，并非法律和专业用语，泛指各级行政机关实施行政管理活动制作发布的指示、命令、声明、公告、公示类等具有法律和规章属性的公文。发展到现在广义的"红头文件"包括法律、法规和行政规范性文件三个方面，三者之间有着明确的层级和边界限定。中国地域辽阔，各地情况千差万别，国家治理体系是通过广义的"红头文件"构成稳固与灵活、长远与阶段、框架与细部的协同配套管理体制，并辅之以执行系统的公务员专业队伍推动执行，以及执法和执纪队伍约束监督实现的，成为有中国特色国家治理体系和层级管理机制的显著特征。

在国家治理体系中，法律处于最高位置，是体现国家意志以宪法为核心的法典和律法的统称，具有普遍约束和强制以及一个时期相对稳固的特点。它是以规范全体公民、社会组织和国家机关的权利和义务为主体，对全体社会成员具有普遍约束力的社会关系总体规范，一般由全国人大及其常委会行使国家立法权和监督权，人民代表大会审议通过后由国家主席签署主席令予以公布，并由各级政府部门、检察机关、审判机关和监察机关依据法律开展强制执行。法律一般称为既定法，如宪法、刑法、劳动合同法等，还有法律解释是对法律中某些条文或文字的解释或限定，法律解释权属于全国人民代表大会常务委员会，其作出的法律解释同法律具有同等效力。还有一种司法解释是由最高人民法院或最高人民检察院作出的，用于指导各基层法院司法工作。法律首先是指一种行为规范，为人们的行为提供模式、标准、样式和方向。法律还具有概括性，是人们从大量实际、具体的行为中高度抽象出来的一种行为模式。法律还具有普遍性，即法律所提供的行为标准是所有公民一概适用的，不允许有法律规定之外的特殊，一旦触犯法律便会受到相应的惩罚。法律规范不同于其他规范的另一个重要特征是它的严谨性，它由特殊的逻辑构成。构成一个法律的要素有法律原则、法律概念和法律规范，每一个法律规范由行为模式和法律后果两个部分构成。截至2023年4月，我国现行有效的法律有295部，由此构成了依法治国的完整法律体系。

法规是指法律、法令、条例、规则、章程等法定文件的总称。一般指国家机关制定的规范性文件，包括国务院制定和颁布的行政法规、省自治区直辖市人大及其常委会制定和公布的地方性法规，以及设区的市、自治州制定报省自治区人大及其常委会批准后实施的地方性法规。行政法规是由国务院制定的，通过后由国务院总理签署国务院令公布，具有全国通用性，是对法律的补充，在成熟的情况下会被补充进法律，其地位仅次于法律。法规多称为条例，也可以是全国性法律的实施细则，如《中华人民共和国治安处罚条例》《不动产登记暂行条例》等。地方性法规大部分称作条例或地方实施细则，部分为具有法规属性的文件，如决议、决定等。地方法规的开头多冠有地方名称，如《上海市人口与计划生育条例》《上海市住宅物业管理规定》等。除此之外还有规章，其制定者是国务院各部、委员会、中国人民银行、审计署和具有行政管理职能的直属机构，这些规章仅在本部门的权限范围内有效，如国家专利局制定的《专利审查指南》、国家标准化管理委员会关于印发《2024年国家标准立项指南》的通知等。还有一些规章是由各省、自治区、直辖市和较大的市人民政府制定的，仅在本行政区域内有效，如《上海市南京路步行街区管理办法》《上海市城市管理综合行政执法条例实施办法》等。

行政法规和地方性法规都具有法律效力。宪法具有最高的法律效力，一切法律、行政法规、地方法规、自治条例和单行条例、规章都不得同宪法相抵触。法律的效力高于行政法规、地方性法规、规章。行政法规的效力高于地方性法规、规章。地方性法规的效力高于本级和下级地方政府规章。省、自治区的人民政府制定的规章的效力，高于本行政区域内较大的市人民政府制定的规章。法规和法律二者之间有着明显的不同，首先在于制订的机关不同：法律的制订是由全国人民代表大会及其常务委员会来完成的，法规的制订可以由地方人民代表大会及其常务委员会来完成，也可以由部一级主管机构来完成；法律效力不同：法律的效力一般高于法规的效力，与法律相抵触的法规，在实际的审判和操作中应当以法律为准；空间效力不同：地方性法规只能在某一地方生效，其他省市不具有法律效力，而法律的空间效力是中华人民共和国范围之内；调整范围不同：法律的调整范围可以涉及多个方面或多项内容，法规的调整范围一般是社会生活的某一具体方面或某一项具体内容。

行政规范性文件是除国务院行政法规、决定、命令，以及部门规章和地方政府规章外，由行政机关或者经法律、法规授权的具有管理公共事务职能的组织（以下统称行政机关）依照法定权限、程序制定并公开发布，涉及公民、法人和其他组织权利义务，具有普遍约束力，在一定期限内反复适用的公文，具有阶段性、实用性和可操作性等特点。制发行政规范性文件是行政机关依法履行职能的重要方式，直接关系群众切身利益，事关政府形象。行政规范性文件虽然不是一种行政立法活动，但它介于行政立法与行政执法之间，采用制定规范的形式，为执行法律、法规、规章而制定的，发挥着一种桥梁和纽带作用，是行政机关具体贯彻执行法律、强化行政管理的重要手段，也是行政机关行政执法的依据。行政执法依据按效力等级排列如下：宪法、法律、法规、规章、其他规范性文件。其中上位规范优于下位规范，下位规范不能与上位规范相抵触，凡抵触者无效，因而行政规范性文件作为行政执法依据的前提是必须合法，如果行政机关无从判断其他规范性文件是否合法时，一般不宜引用该规范性文件作为执法依据。因此，行政规范性文件是国家政权机关、政党组织用于指导和开展工作，以权威形式规定的一定时期内应该达到的奋斗目标、遵循的行动原则、完成的任务、实行的工作方式、采取的步骤措施，更多偏向于具有隶属与关联关系，为开展公务活动和对外交流交往的工具，也是狭义的更为广泛使用的"红头文件"。

清楚了公文俗称的"红头文件"背后所蕴含的法律效力，以及公文具有依法行政的依据和凭据作用，也就清楚了公文的制发行文有着严格的规则与规范，法理思维是公文制发的根本遵循。国务院办公厅印发的《关于加强行政规范性文件制定和监督管理工作的通知》（以下简称《通知》）明确要求严格依法行政，防止乱发文件。坚持法定职责必须为、法无授权不可为，严格按照法定权限履行职责，严禁以部门内设机构名义制发行政规范性文件。要严格落实权责清单制度，行政规范性文件不得增加法律、法规规定之外的行政权力事项或者减少法定职责；不得设定行政许可、行政处罚、行政强制等事项，增加办理行政许可事项的条件，规定出具循环证明、重复证明、无谓证明的内容；不得违法减损公民、法人和其他组织的合法权益或者增加其义务，侵犯公民人身权、财产权、人格权、劳动权、休息权等基本权利；不得超越职权规定应由市场调节、企业和社会自律、公民自我管理的事项；不得违法制定含有排除或者限制公平竞争内容的措施，违法干预或者影响市场主体正常生产经营活动，违法设置市场准入和退出条件等。

《通知》要求严控发文数量。凡法律、法规、规章和上级文件已经作出明确规定的，现行文件已有部署且仍然适用的，不得重复发文；对内容相近、能归并的尽量归并，可发可不发、没有实质性内容的一律不发，严禁照抄照搬照转上级文件、以文件"落实"文件。确需制定行政规范性文件的，要讲求实效，注重针对性和可操作性，并严格文字把关，确保政策措施表述严谨、文字精练、准确无误。《通知》明确提出要规范制发程序，确保合法有效。行政规范性文件必须严格依照法定程序制发，重要的行政规范性文件要严格执行评估论证、公开征求意见、合法性审核、集体审议决定、向社会公开发布等程序。要加强制发程序管理，健全工作机制，完善工作流程，确保制发工作规范有序，并健全责任机制，强化备案监督，加强督查考核。

国家治理体系架构是党中央领导全国人民制定宪法，依据宪法产生国家最高权力机关全国人大及其常委会，由全国人大选举产生国家最高行政机关国务院及其组成部门，并按照中央国家机关、地方国家机关的省（自治区、直辖市）州或县（市、区）和乡镇三级，部分地区实行省或自治区或直辖市、地级市、县和乡镇四级，通过法律和四级网格化领导行使国家权力实施国家治理的。按照领导和管理层级细分的法律、法规和行政规范性文件都属于行政公文范畴，公文制发要按照管理层级区分法律、法规、行政规范性文件边界，对应工作职能和权限以遵循上位法为前提，坚持依法行政的原则，在制发文件时按照相向而行和相背而行两个方向，论证行为内容与程序和职责边界的合法性，以及内容表达的严谨性和可行性，这是公文制发需要首先考虑的基本前提。

四、国家标准

公文作为依法行政的依据和凭据，制发管理要以《党政机关公文处理工作条例》这部党内规章和行政法规作为根本遵循。《条例》共八章四十二条，其中第十条明确规定"公文的版式按照《党政机关公文格式》国家标准执行"。《党政机关公文格式》（GB/T 9704-2012，以下简称《格式》），是国家标准化管理委员会2012年6月29日发布，依据中国国家标准《标准化工作导则——第1部分：标准的结构和编写》（GB/T 1.1-2009）规则起草的，由范围、规范性引用文件、术语和定义、公文用纸主要技术指标、公文用纸幅面尺寸及版面要求、印制装订要求、公文格式各要素编排规则、公文中的横排表格、公文中计量单位标点符号和数字的用法、公文的特定格式、式样等十一条加前言组成。《条例》和《格式》的执行时间都是2012年7月1日起实施，两者的颁布实施标志着我国的公文处理工作实现了历史性转变，由过去不规范到基本规范再步入到有了国家标准的统一规范新阶段。

《条例》第三章公文格式明确：公文一般由份号、密级和保密期限、紧急程度、发文机关标志、发文字号、签发人、标题、主送机关、正文、附件说明、发文机关署名、成文日期、印章、附注、附件、抄送机关、印发机关和印发日期、页码等组成。公文使用的汉字、数字、外文字符、计量单位和标点符号等，按照有关国家标准和规定执行。民族自治地方的公文，可以并用汉字和当地通用的少数民族文字。公文用纸幅面采用国际标准A4型。特殊形式的公文用纸幅面，根据实际需要确定。《格式》明确了用纸技术指标和版面页边与版心尺寸，以及字体和字号、行数和字数，文字颜色如无特殊说明均为黑色，还有印制装订要求和格式各要素编排规则：将版心内各要素划分为版头、主体、版记三部分。首页红色分隔线以上的部分称为版头；公文首页红色分隔线（不含）以下、公文末页首条分隔线（不含）以上的部分称为主体；公文末页首条分隔线以下、末条分隔线以上的部分称为版记。

版头：如需标注份号一般用6位3号阿拉伯数字，顶格编排在版心左上角第一行。如需标注密级和保密期限一般用3号黑体字，顶格编排在版心左上角第二行；保密期限中的数字用阿拉伯数字标注。如需标注紧急程度一般用3号黑体字，顶格编排在版心左上角；如需同时标注份号、密级和保密期限、紧急程度，按照份号、密级和保密期限、紧急程度的顺序自上而下分行排列。发文机关标志，由发文机关全称或者规范化简称加"文件"二字组成，也可以使用发文机关全称或者规范化简称。发文机关标志居中排布，上边缘至版心上边缘为35mm，推荐使用小标宋体字，颜色为红色，以醒目、美观、庄重为原则。联合行文时如需同时标注联署发文机关名称，一般应当将主办机关名称排列在前；如有"文件"二字，应当置于发文机关名称右侧，以联署发文机关名称为准上下居中排布。

发文字号编排在发文机关标志下空二行位置居中排布，年份、发文顺序号用阿拉伯数字标注，年份应标全称用六角括号"〔〕"括入，发文顺序号不加"第"字，不编虚位（即1不编为01），在阿拉伯数字后加"号"字。上行文的发文字号居左空一字编排，与最后一个签发人姓名处在同一行。签发人由"签发人"三字加全角冒号和签发人姓名组成，居右空一字，编排在发文机关标志下空二行位置。"签发人"三字用3号仿宋体字，签发人姓名用3号楷体字。如有多个签发人，签发人姓名按照发文机关的排列顺序从左到右、自上而下依次均匀编排，一般每行排两个姓名，回行时与上一行第一个签发人姓名对齐。版头中的分隔线，发文字号之下4mm处居中印一条与版心等宽的红色分隔线。

主体：标题一般用2号小标宋体字，编排于红色分隔线下空二行位置，分一行或多行居中排布；回行时，要做到词意完整，排列对称，长短适宜，间距恰当，标题排列应当使用梯形或菱形。主送机关编排于标题下空一行位置，居左顶格，回行时仍顶格，最后一个机关名称后标全角冒号。如主送机关名称过多导致公文首页不能显示正文时，应当将主送机关名称移至版记。公文首页必须显示正文，一般用3号仿宋体字，编排于主送机关名称下一行，每个自然段左空二字，回行顶格。文中结构层次序数依次可以用"一、""（一）""1.""（1）"标注，一般第一层用黑体字、第二层用楷体字、第三层和第四层用仿宋体字标注。如有附件，在正文下空一行左空二字编排"附件"二字，后标全角冒号和附件名称。如有多个附件使用阿拉伯数字标注附件顺序号（如"附件：1.××××××"），附件名称后不加标点符号。附件名称较长需回行时，应当与上一行附件名称的首字对齐。

加盖印章的公文成文日期一般右空四字编排，印章用红色，不得出现空白印章。单一机关行文时，一般在成文日期之上、以成文日期为准居中编排发文机关署名，印章端正、居中下压发文机关署名和成文日期，使发文机关署名和成文日期居印章中心偏下位置，印章顶端应当上距正文（或附件说明）一行之内。联合行文时，一般将各发文机关署名按照发文机关顺序整齐排列在相应位置，并将印章一一对应、端正、居中下压发文机关署名，最后一个印章端正、居中下压发文机关署名和成文日期，印章之间排列整齐、互不相交或相切，每排印章两端不得超出版心，首排印章顶端应当上距正文（或附件说明）一行之内。

单一机关行文时，在正文（或附件说明）下空一行右空二字编排发文机关署名，在发文机关署名下一行编排成文日期，首字比发文机关署名首字右移二字，如成文日期长于发文机关署名，应当使成文日期右空二字编排，并相应增加发文机关署名右空字数。联合行文时，应当先编排主办机关署名，其余发文机关署名依次向下编排。单一机关制发的公文加盖签发人签名章时，在正文（或附件说明）下空二行右空四字加盖签发人签名章，签名章左空二字标注签发人职务，以签名章为准上下居中排布。在签发人签名章下空一行右空四字编排成文日期。联合行文时，应当先编排主办机关签发人职务、签名章，其余机关签发人职务、签名章依次向下编排，与主办机关签发人职务、签名章上下对齐；每行只编排一个机关的签发人职务、签名章；签发人职务应当标注全称。签名章一般用红色。成文日期中的数字用阿拉伯数字将年、月、日标全，年份应标全称，月、日不编虚位（即1不编为01）。当公文排版后所剩空白处不能容下印章或签发人签名章、成文日期时，可以采取调整行距、字距的措施解决。

如有附注，居左空二字加圆括号编排在成文日期下一行。附件应当另面编排，并在版记之前，与公文正文一起装订。"附件"二字及附件顺序号用3号黑体字顶格编排在版心左上角第一行。附件标题居中编排在版心第三行。附件顺序号和附件标题应当与附件说明的表述一致。附件格式要求同正文。如附件与正文不能一起装订，应当在附件左上角第一行顶格编排公文的发文字号并在其后标注"附件"二字及附件顺序号。

版记中的分隔线与版心等宽，首条分隔线和末条分隔线用粗线（推荐高度为0.35mm），中间的分隔线用细线（推荐高度为0.25mm）。首条分隔线位于版记中第一个要素之上，末条分隔线与公文最后一面的版心下边缘重合。如有抄送机关，一般用4号仿宋体字，在印发机关和印发日期之上一行、左右各空一字编排。"抄送"二字后加全角冒号和抄送机关名称，回行时与冒号后的首字对齐，最后一个抄送机关名称后标句号。如需把主送机关移至版记，除将"抄送"二字改为"主送"外，编排方法同抄送机关。既有主送机关又有抄送机关时，应当将主送机关置于抄送机关之上一行，之间不加分隔线。印发机关和印发日期一般用4号仿宋体字，编排在末条分隔线之上，印发机关左空一字，印发日期右空一字，用阿拉伯数字将年、月、日标全，年份应标全称，月、日不编虚位（即1不编为01），后加"印发"二字。版记中如有其他要素，应当将其与印发机关和印发日期用一条细分隔线隔开。

页码一般用4号半角宋体阿拉伯数字，编排在公文版心下边缘之下，数字左右各放一条一字线；一字线上距版心下边缘7mm。单页码居右空一字，双页码居左空一字。公文的版记页前有空白页的，空白页和版记页均不编排页码。公文的附件与正文一起装订时，页码应当连续编排。A4纸型表格横排时页码位置与公文其他页码保持一致，单页码表头在订口一边，双页码表头在切口一边。公文中计量单位的用法应当符合GB 3100、GB 3101和GB 3102（所有部分），标点符号的用法应当符合GB/T 15834，数字用法应当符合GB/T 15835。

信函格式：发文机关标志使用发文机关全称或者规范化简称，居中排布，上边缘至上页边为30mm，推荐使用红色小标宋体字。联合行文时，使用主办机关标志。发文机关标志下4mm处印一条红色双线（上粗下细），距下页边20mm处印一条红色双线（上细下粗），线长均为170mm，居中排布。如需标注份号、密级和保密期限、紧急程度，应当顶格居版心左边缘编排在第一条红色双线下，按照份号、密级和保密期限、紧急程度的顺序自上而下分行排列，第一个要素与该线的距离为3号汉字高度的7/8。发文字号顶格居版心右边缘编排在第一条红色双线下，与该线的距离为3号汉字高度的7/8。标题居中编排，与其上最后一个要素相距二行。第二条红色双线上一行如有文字，与该线的距离为3号汉字高度的7/8。首页不显示页码。版记不加印发机关和印发日期、分隔线，位于公文最后一面版心内最下方。

命令（令）格式：发文机关标志由发文机关全称加"命令"或"令"字组成，居中排布，上边缘至版心上边缘为20mm，推荐使用红色小标宋体字。发文机关标志下空二行居中编排令号，令号下空二行编排正文。

纪要格式：纪要标志由"×××××纪要"组成，居中排布，上边缘至版心上边缘为35mm，推荐使用红色小标宋体字。标注出席人员名单，一般用3号黑体字，在正文或附件说明下空一行左空二字编排"出席"二字，后标全角冒号，冒号后用3号仿宋体字标注出席人单位、姓名，回行时与冒号后的首字对齐。标注请假和列席人员名单，除依次另起一行并将"出席"二字改为"请假"或"列席"外，编排方法同出席人员名单。纪要格式可以根据实际制定。

除了以上印制技术标准有明确的国标规范，《条例》第六章还从收文办理、发文办理和整理归档三个方面明确了公文办理程序。收文办理主要程序是：签收、登记、初审、承办、传阅、催办、答复七个环节步骤。发文办理主要程序是：复核、登记、印制、核发四个环节步骤。要求涉密公文应当通过机要交通、邮政机要通信、城市机要文件交换站或者收发件机关机要收发人员进行传递，通过密码电报或者符合国家保密规定的计算机信息系统进行传输。需要归档的公文及有关材料，应当根据有关档案法律法规以及机关档案管理规定，及时收集齐全、整理归档。两个以上机关联合办理的公文，原件由主办机关归档，相关机关保存复制件。机关负责人兼任其他机关职务的，在履行所兼职务过程中形成的公文，由其兼职机关归档。

第七章要求建立健全机关公文管理制度。党政机关公文由文秘部门或者专人统一管理。设立党委（党组）的县级以上单位应当建立机要保密室和机要阅文室，并按照有关保密规定配备工作人员和必要的安全保密设施设备。公文确定密级前应当按照拟定的密级先行采取保密措施，确定密级后应当按照所定密级严格管理。绝密级公文应当由专人管理。公文的密级需要变更或者解除的，由原确定密级的机关或者其上级机关决定。公文的印发传达范围应当按照发文机关的要求执行；需要变更的，应当经发文机关批准。涉密公文公开发布前应当履行解密程序。公开发布的时间、形式和渠道，由发文机关确定。经批准公开发布的公文，同发文机关正式印发的公文具有同等效力。复制或汇编机密级、秘密级公文，应当符合有关规定并经本机关负责人批准。绝密级公文一般不得复制或汇编，确有工作需要的应当经发文机关或者其上级机关批准，复制或汇编的公文视同原件管理，复制件应当加盖复制机关戳记，翻印件应当注明翻印的机关名称、日期，汇编本的密级按照编入公文的最高密级标注。

公文的撤销和废止由发文机关、上级机关或者权力机关，根据职权范围和有关法律法规决定。公文被撤销的视为自始无效；公文被废止的视为自废止之日起失效。涉密公文应当按照发文机关要求和有关规定进行清退或者销毁，不具备归档和保存价值的公文经批准后可以销毁。销毁涉密公文必须严格按照有关规定履行审批登记手续，确保不丢失不漏销。个人不得私自销毁、留存涉密公文。机关合并时全部公文应当随之合并管理，机关撤销时需要归档的公文经整理后，按照有关规定移交档案管理部门。工作人员离岗离职时，所在机关应当督促其将暂存、借用的公文按照有关规定移交、清退。新设立的机关应当向本级党委、政府的办公厅（室）提出发文立户申请，经审查符合条件的列为发文单位，机关合并或者撤销时相应进行调整。第八章附则明确党政机关公文含电子公文，电子公文处理工作的具体办法另行制定。法规、规章方面的公文依照有关规定处理，外事方面的公文，依照外事主管部门的有关规定处理。

第二讲 公文的种类

　　党政机关履行职责、开展公务活动和实施行政管理，是以公文作为依据和凭据开展公务活动的。《党政机关公文处理工作条例》赋予公文法律效力，明确了公文种类和行文规则。《条例》规定："行文关系根据隶属关系和职权范围确定。一般不得越级行文，特殊情况需要越级行文的，应当同时抄送被越过的机关。"公文种类对应着分类管理，行文规则对应着秩序规矩。行文关系就是工作关系和工作机制，也是运行秩序和管理规则。一文一事和一发一收构成双方相互间的领导关系、指导关系、管理关系和协作关系。文种使用不当会导致管理和处理混乱，影响运办效率，不按规则行文容易扰乱正常工作秩序。本讲按照《条例》顺序介绍十五种公文种类。

一、决议

决议适用于会议讨论通过的重大决策事项，一般来自会议，是会议的产物，要由会议参加者半数或三分之二以上举手表决、投票赞成才能形成。其主要特点是具有权威性与约束力。产生程序一般是相关部门提交会议组织机构讨论表决后提议、小组酝酿讨论、会议全体人员票决通过、会议或主要领导签发公布，一旦产生就具有法定效用和权威性与约束力。如果不履行表决程序，决议就不能产生和公开发布，也不具有合法性。

决议的行文主体是会议，要用"会议语言"。结构一般由标题、通过时间和会议全称、前言、主体、结尾五部分组成。标题是由发文单位名称或会议名称＋事由＋文种组成，标题下标注通过日期和会议全称。如《中国共产党第二十次全国代表大会关于十九届中央委员会报告的决议》《中国共产党第二十次全国代表大会关于十九届中央纪律检查委员会工作报告的决议》《中国共产党第二十次全国代表大会关于〈中国共产党章程（修正案）〉的决议》，三份决议标题下都加括号标注 2022 年 10 月 22 日中国共产党第二十次全国代表大会通过。前言要写明是依据会议通过作出的，比如三份决议开头分别用"大会批准习近平同志代表十九届中央委员会所作的报告""大会审查、批准十九届中央纪律检查委员会工作报告""大会审议并一致通过十九届中央委员会提出的《中国共产党章程（修正案）》，决定这一修正案自通过之日起生效"。正文写法要围绕会议文件和程序排兵布阵，内容比较单一的可不分段落一气呵成，内容比较多的要用分条列述方式分条叙述清楚，每段小标题开头一般用"会议认为""会议提出""会议同意""会议通过""会议号召"等会议角度语句，结尾段要用带着情感的金句警句或总括式叙事铺垫，接着用提振精神发出倡议的号召性语言收尾。

二、决定

决定适用于对重要事项作出决策和部署、奖惩有关单位和人员、变更或者撤销下级机关不适当的决定事项，具有指示性和指导性以及约束力。上级的决定一经传达，下级就要贯彻执行，内容要明确，不能模棱两可，语言要有说理性，提出的主张要明确，怎样做和不应该怎样做，并说明依据和理由。要注意掌握政策的连续性，既要了解历史又要掌握现实情况，要特别注重针对性和可操作性。决定公布后要有后续行动计划、实施方案以及政策措施配套跟进。决定可分为处置性决定，就是处理、布置并告知具体事项，如表彰先进、处理问题、设置机构、安排人事等，是由机关发出的或会议名义发出的；还有公布性决定，就是由会议直接公布某个议案的具体内容，或直接公布某一机构对某一问题的处理决定。

决定在写法上通常分为标题、正文、结尾三部分。标题一般由发文机关名称+事由+文种组成，也可由事由+文种组成，会议决定要在题下标明通过日期。如《中共中央关于深化党和国家机构改革的决定》，标题下加括号标注2018年2月28日中国共产党第十九届中央委员会第三次全体会议通过。不是会议通过的决定，如果是在一定范围内发送要标明主送机关，是普发性的一般不写主送机关。如《中共中央 国务院关于优化生育政策促进人口长期均衡发展的决定（二〇二一年六月二十六日）》，就是一篇普发性没有标注主送机关的文件，各地在贯彻执行中要制定具体实施细则。正文一般包括原因和事项两部分。原因部分要简明扼要写明决定的依据和理由，事项部分要直截了当写明具体事项。有些表彰先进、处理问题的决定还要在结尾发出号召和提出希望。撰写决定要根据充分、事项完整周密、表述简明扼要、用语准确，以便贯彻执行，表彰、处分等决定对人和事的评价要实事求是恰如其分。

三、命令（令）

命令（令）适用于公布行政法规和规章、宣布施行重大强制性措施、批准授予和晋升衔级、嘉奖有关单位和人员。根据《中华人民共和国宪法》规定，国家主席、全国人大常委会委员长、国务院总理、各部部长、各委员会主任及县以上地方人民政府和其他法定机关及负责人可以发布命令（令），其他机关不得随意发布。命令（令）本身虽然不是法律、法规，但是具有法律、法规的形式，有些规定重大行政措施的命令（令）和发布行政法规的命令（令），都具有法律效力和法规约束作用。制发者必须是具有法律、法规、规章制发权的国家权力机关、行政机关和军事机关，无法规、规章制发权的机关制定的"类规章性文件"不得使用"公布令"的形式发布，而应用"通知"。"行政令"的制发主体是国家行政机关，既不得滥用也不得朝令夕改。包括中央政府在内，除非涉及全局性的重大行政措施，如人口普查、统一计量单位、保护野生动物、部分地区实行或解除戒严等，一般极少使用"行政令"，对行政令的发布应持十分慎重的态度。

制发命令（令）要以法律、法规为依据，按照法律规定程序制作发布，内容要在法律许可范围内。一经发布，下级机关或人员必须无条件服从和执行，违抗命令（令）或延误执行将受到严肃处理。命令（令）可分为发布令、行政令、任免令、嘉奖令等。发布令用于发布行政法规、规章；行政令用于采取重大强制性行政措施，实施行政领导与指挥，如《国务院关于在我国统一实行法定计量单位的命令》《国务院关于进行第四次全国人口普查登记的命令》；任免令用于人事任免事项；嘉奖令是为嘉奖有功人员的命令。地方各级政府除处理重大的紧急事务，如抢险救灾时可以破例使用命令（令）来实施指挥外，一般日常性工作不得随意使用。

命令（令）有极强的强制性和约束力，要求语句简洁准确、语气坚定严肃、结构严谨完整、风格质朴庄重，让受令人易读易记，便于理解和执行。格式一般由标题、发文字号、正文、落款四部分构成。标题由发布机关名称＋事由＋文种组成，但发布令与任免令的标题可省略事由，只由发布机关名称或首长职务＋文种组成。发文字号有两种写法，一种是由机关代字、年份、序号三部分组成，另一种是不按年度编号，而是从领导人任职开始编排流水号，换届不换人不换令号、换届换人重新编号。正文由开头、主体、结尾三部分组成，分别说明命令（令）的发布原因、事项和执行要求。开头说明为什么发布命令以及发令根据引出下文。主体说明命令（令）事项，要求准确写出决断、强制性的规定或措施。如国务院令"《促进个体工商户发展条例》已经 2022 年 9 月 26 日国务院第 190 次常务会议通过，现予公布，自 2022 年 11 月 1 日起施行"。较为复杂的命令，如嘉奖令的正文应分条列项表述。结尾要表明命令（令）的执行要求，要求有关单位和人员在执行命令（令）时必须遵守。落款要写明发令单位名称或负责人的职务、姓名及成文日期。

四、公报

公报适用于公布重要决定或者重大事项。既不同于一般的例行公文，也不同于张贴的布告，而多是通过新闻渠道刊登和播发的，具有较高的权威性，基层单位一般无权发布。比如，以新闻形式发布的新闻公报，两个及两个以上政党、国家、社会团体会谈达成的协议，正式公布的联合公报，以党和国家机关名义发布重要决定或重大决策的会议公报或统计公报。公报与行政公文中的公告相似，所涉及的内容都为党和国家的重要事项，而且辐射范围也相同，均面向国内外发布。两者差别取决于使用上的习惯性，如公布有关人口普查、经济发展、计划执行和重要会议情况多用公报，公布重要事项如国家重要领导人出访活动、人事变动多用公告。

公报一般由标题、题注、正文和落款四部分组成。标题有四种写法：

第一种是由发文机关＋事由＋文种组成，如《国家统计局关于××××年人口普查主要数据的公报》；第二种是省略发文机关，只写事由＋文种，如《××省××××年国民经济和社会发展统计公报》；第三种是由会议名称＋文种组成，如《中国共产党第二十届中央委员会第二次全体会议公报》；第四种是由发文机关＋文种组成，如《中华人民共和国2022年国民经济和社会发展统计公报》。题注用来表明发布公报日期或通过事项日期，日期放在标题下加括号，也可以把发布日期放在正文之后。公报不标注主送、抄送机关和发文字号，但标题是由发文机关加文种组成的，通常应在标题之下标注发布公报年份和流水号。正文包括开头、主体和结尾三层内容。开头介绍公报的时间、地点、人物、事件等要素，要写得简明扼要、清楚明白。主体介绍议定事项和主要精神，说明所作的决议、决定或公布的具体事项，内容要完整、系统、有序地表达清楚。结尾强调会议或公布事项的重要意义，对有关单位和人员提出要求和希望。落款有的公报未标题注，正文又未交代日期，则应在正文之后写明发文单位和日期。

五、公告

公告适用于向国内外宣布重要事项或者法定事项。重要事项是指国内外关注的大事，诸如国家权力机关的重要决策、需要周知的事项、有重大影响的活动等；法定事项是指立法、行政、司法、检察等国家机关宣布有关事件的处理情况，如宣布法规或规章、国家领导人选举结果等，发文权力一般是高层行政机关及其职能部门，是对群众关心、应知而未知事实的报道，在一定程度上具有新闻特征，一般在报刊媒体上公开刊发。

公告一般由标题、发文字号、正文、结尾四部分组成。标题大体有三种构成形式：第一种是由发文机关＋文种组成，如《全国人民代表大会公告》；第二种是由发文机关＋事由＋文种组成，如《中央机关及其直属机构 2024 年度考试录用公务员公告》；第三种是由事由 + 文种组成，如《关于保障性住房有关税费政策的公告》。发文字号不是公告的必备要素，同一发文机关短时间内发布多份公告应该标明文号，如果一件事情只发一次公告则不用标明文号。正文一般包括发布缘由和具体事项两层内容，缘由主要介绍发布的背景、根据、目的等，具体事项是核心部分，采用直陈式写法陈述具体事项，如果内容较多采用分段列项形式陈述内容。结尾包括署名和日期，如果发文机关和发布日期写在标题和标注在标题之下，结尾可以不再标注发文机关和发文日期，也可以标题冠有发文机关，发文日期放在结尾。

六、通告

通告适用于在一定范围内公布应当遵守或者周知的事项，常作为有关方面行为的准则，或对某些具体活动的约束限制，具有行政约束力甚至法律效力。通告的内容带有专业性、事务性，涉及社会生活各方面，要求被告知者遵守执行。通告的告知范围广泛，不仅在机关单位内部公布，而且向社会公布。通告的发布形式多样，可通过报刊、广播、电视公布，也可以张贴和发文。通告可分为制约性通告和知照性通告两种类型。制约性通告是要求一定范围对象普遍遵守的事项，这类通告具有法规的性质，要求有关组织和人员严格遵守，由行政领导机关发布。知照性通告用于告知某件事情，如发生的新情况、出现的新事物，以及需要大家知道的新决定等，具有专业性和单一性特点，往往不具有法规性，但有一定约束力，各专业部门、社会团体和企事业单位等都可发布。

通告的结构通常由标题、正文和结尾三部分组成。标题由发文机关名称 + 事由 + 文种组成，也可省略事由只标发文机关名称 + 文种。如上海市疫情防控工作领导小组办公室印发《关于对本市未按规定参加核酸检测人员随申码赋黄码等相关事项的通告》。正文采用公文通用结构模式撰写，开头部分通告缘由说明通告的背景、根据、目的、意义等，通告事项是核心部分文字最多，必须条理清楚，如果内容比较单一可采用贯通式写法，如果内容较复杂应该分段列项，按照一定逻辑顺序排列，内容叙事和说明必须使人便于理解易于执行。结尾部分多采用"本通告自发布之日起实施"或"特此通告"的模式化结语，有些也可以没有结语。最后要有发文单位署名、印章与发布日期，有的也可以不加盖印章、发文单位冠名在标题、发布日期写在标题之下。

七、意见

意见适用于对重要问题提出见解和处理办法，由领导机关或主管部门就某一问题提出的意见，下级执行机关和对口部门必须认真贯彻执行，不能当作一般性工作参考对待。内容偏重于原则阐述，具有普遍的指导意义。在提出处理问题的办法时，为使下级机关有所遵循，一般规定得比较具体、有可操作性。意见是行政机关使用频率较高的法定公文。意见可细分为贯彻落实意见、工作实施意见、意见三种形式。

意见的规范格式由标题、主送机关、正文和落款四部分构成。标题由发文机关名称＋事由＋文种、事由＋文种两种组成形式。如《中共中央 国务院关于促进民营经济发展壮大的意见》。要写明主送机关，明确办理和落实对象，如果内容具有普遍工作指导价值的，主送机关则可以省略。正文开头通常简要阐明发文的依据、背景、目的，文字根据具体情况可长可短，主要回答为什么提出意见。主体是核心部分，主要是对有关问题或某项工作提出见解、建议或解决办法。有些涉及重要问题或全局性工作的意见，既要提出指导思想和基本原则，又要有工作目标、方法步骤、具体措施和组织保障，并要求结合实际情况制定细化措施贯彻落实。结语提出要求或号召，也可省略不写。如果是上行文结尾可提出请求批转的要求，如"以上意见如无不妥，请批转各地（单位）执行"。落款即发文机关和发文日期，有些置于标题之下。有时需要向上行文主要用于政策、办法等"软件"诉求，表达职责范围内的工作主张和解释说明，以得到上级机关的理解支持，语言和角度要用汇报的语气陈述，注意与请示、报告两种文体种类的差异互补运用。

八、通知

通知是用来发布法规、规章，转发上级机关、同级机关和不相隶属机关的公文，批转下级机关的公文，要求下级机关办理某项事务的公文。通知是机关开展工作使用最多的文种之一，主要用于传达上级机关指示和要求下级机关办理事项，可以通过转发上级机关、同级机关和不相隶属机关的公文，具有工作指导和信息传递的桥梁纽带作用。通知可分为用于发布行政规章制度及党内规章制度的发布性通知、处理日常工作事务性传递相关政策信息和工作动态的事务性通知、批转下级机关公文周知或执行的批转性通知、转发上级机关和不相隶属机关公文周知或执行的转发性通知、指示下级机关如何开展工作的指示性通知、任免和聘用干部的任免性通知等六种形式。

结构由标题、主送机关、正文、落款等要素构成。标题由发文机关＋内容＋文种、内容＋文种和仅写文种三种方式。如《国务院办公厅关于印发〈关于优化调整稳就业政策措施全力促发展惠民生〉的通知》。主送机关即受文对象，可以是一个也可以是所有下属单位，位置在标题下第二行或第三行顶格写，主送单位后边加冒号。正文先叙述通知的起因缘由，写明背景和依据，为什么要发该通知，然后通过承启用语转入主体。主体也称事项，有的简单，有的复杂，有长有短。比较复杂的如指示性通知、批示性通知等，可以分出层次段落使人一目了然，便于领会理解和执行，但要注意各条项之间的逻辑顺序。结语因内容而异，要求执行到位的，通常用"请遵照办理"；允许结合实际情况办理的，通常用"请结合本地、本部门实际，认真贯彻落实"；具有参考价值的意见建议或经验的，通常用"请参照执行"；属于探索性的政策性问题需要执行中逐步完善的，通常用"请研究试行，试行中遇到的问题，请及时上报"等。落款包括发文机关印章和成文日期，也有在标题中标注了发文机关，落款可只标注日期。

九、通报

通报适用于表彰先进、批评错误、传达重要精神和告知重要情况。通报和通知都具有传达和告知作用，都属于传达和告知性公文。但通报可以用于表扬和批评，又属于奖励和告诫性公文，内容必须讲究政策依据，要讲清事实、就事说理，以达到教育引导下属部门提高思想认识、改进和推动工作的作用。

通报一般由首部、正文和尾部三部分组成。首部主要包括标题和主送机关两个要素。标题通常由发文机关名称＋事由＋文种组成，也可以由事由＋文种组成，还有由发文机关名称＋文种组成。如《国务院办公厅关于对国务院第八次大督查发现的典型经验做法给予表扬的通报》《国务院办公厅关于部分债务沉重地区违规兴建楼堂馆所问题的通报》。标题下除普发性通报外，要注明主送机关。正文结构通常由开头、主体和结尾组成。开头说明通报缘由，主体说明通报决定，结尾提出希望和要求。尾部包括发文机关署名和发布日期，有的在标题中标明发文机关名称，结尾可以只标注时间和加盖印章。不同类别的通报内容和写法不同。表彰性通报要把表扬对象的先进事迹交代清楚，然后作出分析提出表彰和学习倡议。批评性通报要先写出事实然后提出批评，接着让大家吸取教训引以为戒，阐明工作要求指导推动面上工作。情况通报主要起沟通情况作用，使下级单位了解情况统一认识，推动工作开展。

十、报告

报告适用于向上级机关汇报工作、反映情况，回复上级机关的询问。报告是下级向上级机关或业务主管部门汇报工作，让上级机关掌握情况并及时进行指导，内容主要是围绕贯彻落实上级部署和指示精神是怎样做的、有什么效果和经验体会、存在什么问题、今后有什么打算，以及有什么意见和建议。一般使用叙述方法陈述其事，不像请示那样采用祈使、请求等写法。多数报告都是在事情做完或发生后，向上级机关作出汇报，是事后或者事中行文。报告虽不需批复，却是下级机关取得上级机关了解和支持的重要渠道，也是上级机关获得信息了解下情、开展工作指导和协调作出决策的依据。报告可分为工作报告、情况报告、呈请报告、检讨报告、例行报告、回复报告、送文送物报告等七种类型。

基本结构由标题、主送机关、正文、结尾、落款、附件六个部分组成。标题包括发送机关名称＋事由＋报告。如《中央农办、农业农村部、国家发展改革委关于深入学习浙江"千村示范、万村整治"工程经验扎实推进农村人居环境整治工作的报告》，主送机关是发文单位的直属上级领导机关，随后中共中央办公厅、国务院办公厅转发了这份报告，并发出通知要求各地区各部门结合实际认真贯彻落实。正文结构与一般公文相同，包括基本情况、主要做法、存在问题、下步措施和建议五个部分。结尾一般用"特此报告""以上报告当否，请指示""以上报告如无不当，请批转各地各部门执行"之类的语句。落款要有下级呈报机关署名和报送日期。附件是附在结尾后对正文作出专题说明，以独立成篇附件形式出现，以减轻和弥补正文过长内容过多过细的局限。一般要在结尾句下另起一行"附件：＋文件名称"方式出现，多个附件要有顺序号加文件名称。报告切忌长篇大论有说教感，要实事求是有说服力，防止报喜不报忧和粉饰太平。

十一、请示

请示是下级机关向上级机关请求决断、指示、批示或批准事项使用的呈批性公文。在适用范围上，凡涉及有关方针政策界限、工作中的重大问题、需要上级机关审核批准的事项，均应以请示行文，上级机关收到后要作出明确回复。请示只能一文一事和送一个上级机关，不能一文多事也不能多头多送，只能向有领导关系的上级机关呈送，不能是领导个人，也不能越级报送，确需越级请示应同时抄报直接主管部门。请示的最终目的是得到批复，请示的理由必须充分，适用范围包括：对上级有关方针、政策、指示或法律、法规、规章等不够明确或有不同理解的；从本地区、本单位实际出发，需要对上级某项政策、规定作出变通处理的；工作中出现新情况、新问题需要处理而无章可循、无据可依的；请求上级解决本地区、本单位某一具体问题和实际困难的；有关政策规定不经请示批准，无权自行处理的；本部门无法独立解决的困难和问题。属于机关职权范围内的工作，不能将矛盾上交，动辄请示。

基本格式一般由标题、主送机关、正文、附件说明和附件、落款五部分组成。标题由发文机关＋事由＋文种、事由＋文种组成。如《上海市人民政府关于将漕河泾新兴技术开发区列入上海经济技术开发区的请示》。主送机关是指负责受理和答复请示的机关，如需同时送其他机关应当用抄送形式。正文是请示的核心内容，一般由缘由、事项、结语三部分组成。缘由要开门见山讲明请示问题的理由或依据，也是上级机关批复的主要依据。事项是主体也是核心部分，是要求上级领导机关给予指示、批准的具体事项，以及所要解决的问题和达到的目的。在内容上，要具体明确、简明扼要、直截了当，语言切忌含混和模棱两可。结语通常用征询语如当否、如无不妥等，加期复语如请指示、请批准、请批复、请批示等。附件说明和附件，是指附加详细说明的事项，这时要在结语之后另起一行写明附件名称。落款由发文机关和成文日期组成，标题已写明发文机关的，可不再署名但需加盖公章，注明发文时间。

请示和报告是两种不同的文种。请示的目的是要求上级机关批复；报告则是下级向上级反映情况，不需要批复。请示必须是一文一事；报告可以是一文一事，也可以是一文多事。请示必须是在事前行文，"先斩后奏"是违反组织原则的；报告可以是事前和事中，也可以是事后行文。请示的结语必须含有期复要求；报告不需要有期复要求。

十二、批复

批复是专门用于答复下级机关请示事项的公文，以下级的请示为前提，先有请示后有答复。请示要求一文一事，批复也要求一文一批复，请示要求解决什么问题，批复就答复什么问题，上下行文互相对应。对下级请示的事项，上级机关收到请示后，要及时给予明确的答复，不管同意与否必须直接回答，而且态度要清楚明确，不能模棱两可、含糊其词，以免下级无所适从，贻误工作。批复可分为指示性批复、审批性批复和阐释性批复三类。批复具有很强的针对性，切不要在一篇请示中答复几项请示事项，以免发生混淆造成误解。批复对提出请示的下级机关有约束作用，下级机关收到批复要认真遵照执行，带有明显的权威性和法规作用。要根据相关政策法令和办事准则，慎重给予答复，切记简单，给出的理由应当充足，研究和批复要及时，否则可能延误工作造成损失。

批复一般由标题、主送机关、正文、落款四部分组成。标题一般采用公文常规模式，由批复机关＋请示事项＋文种、批复机关＋原请示题目＋文种组成。如《国务院关于在上海市创建"丝路电商"合作先行区方案的批复》《国务院关于〈长三角生态绿色一体化发展示范区国土空间总体规划（2021—2035年）〉的批复》。主送机关一般只有一个，即报送请示的下级机关，如果批复内容同时涉及其他机关和单位，则要采用抄送的形式送达。正文一般由引语、主体和结尾三部分组成。引语是批复的行文依据，包括来文机关、标题与发文字号，然后表明批复者的态度，如"经研究，同意"或"经研究，答复如下"等。主体是批复的具体内容，是针对下级机关请示的事项，根据政策、法律、规章、制度和实际情况，作出同意或者不同意的答复，并阐明同意或者不同意的理由。要特别注意针对性，表明是否同意或是否可行的态度，与请示无关的内容则不涉及，内容要求必须明确简洁，篇幅短小，语言简练。结尾是一般以"特此批复""此复""特此函复"等，也可以提出希望和要求，给请示机关执行指明方向，还有一种是秃尾即不写尾语，请示事项答复完毕就结束。落款要有发文机关名称和成文日期并加盖公章，如果标题中体现发文单位，可以只标注成文日期并加盖公章。

要准确理解"函代批复"。由于批复和复函都是答复来文使用的公文，所以常被混用。两者的区别在于，批复是上级机关向下级机关答复用文，属下行文，复函一般是向非相隶属机关答复用文，属平行文；批复多属于对重大原则和政策性问题作出批复，复函多用于一般性事项的回复。"函代批复"的"代"字，不可当作"代替"来理解，而是强调它的实质是形式和内在的统一。

十三、议案

议案适用于各级人民政府按照法律程序向同级人民代表大会或者人民代表大会常务委员会提请审议事项。其特点包括：一是制作主体特定性。议案只能由具备议案提出权的机关和人民代表提出。这些机关主要包括人大机关、检察机关、法院机关、监察机关以及政府机关，其中政府机关的议案最为多见。二是运行程序法定性。从议案制作到审议批准再到付诸实施，每一环节的运作都必须遵循法定程序，否则就会失去议案的应有效力。三是行文对象单一性。议案不是普发性公文，只能由法定机关按照法定程序向同级人民代表大会或其常委会提交，而不能向其他任何部门和单位行文。四是生效标识特殊性。议案的生效标识必须为机关第一行政首长署名，且不加盖机关公章。如国务院的议案由国务院总理署名，省政府议案由省长署名。五是送文时限性。各级人民政府提请审议的议案，必须在同级人民代表大会或其常委会规定的截止日期前提交，以供大会审议，否则不能列为议案。

议案主要有三种类型，包括政府向国家权力机关提出的议案、非政府机关向国家权力机关提出的议案、人民代表联名向国家权力机关提出的议案。政府向国家权力机关提出的议案包括：立法议案，由政府向同级国家权力机关审议的法律、地方性法规；重大建设项目议案，各级政府就本区域内某些重大事项提请同级国家权力机关审议，并请求作出决定的议案；任免性议案，政府向同级国家权力机关提请审议任免或撤销该级国家机关工作人员职务的议案。议案提交的对象是国家权力机关，虽然是同级属平行关系但职责分工和工作关系，决定了行文关系属上行文，审议和通过与否均由大会作出决定，因此语气要准确得体，语言要精练庄重，必须做到准确恰当、干净利落、字斟句酌，不能产生歧义、模棱两可、含混不清，要切合上行文语体特点和风格。

基本结构一般由标题、主送机关、正文、署名、日期和附件六部分组成。标题简明扼要地写明要解决的问题，一般要加上"提请审议"或"提请审议批准"等专用术语，由制发机关＋事由＋文种组成，如《国务院关于提请审议〈关于调整完善生育政策的决议（草案）〉的议案》《国务院关于提请审议国务院机构改革方案的议案》。主送机关只能是与政府同级的人民代表大会或其常务委员会，要采用全称或规范化简称，不得随意简化，不能有其他并列机关。主送机关放于标题下正文之前，另起一行顶格书写，加冒号。正文是核心部分，包括案据、方案、结尾三部分。案据主要说明审议事项的原因、目的和意义等，表明议案的重要性和必要性，这是议案能否获准的关键。方案是指议案中提出请求审议问题的解决途径和办法，要简单明了，内容不宜繁杂；制定、修订法律、法规、条例等，应提交草案作为附件；建议批准采取有关行政手段，要提出符合实际、切实可行的解决问题方法。结尾是提出审议请求，一般以"现提请审议""请审议决定"结束。署名由政府行政首长签署，一般情况下只签署主要领导人的职务、姓名而不签署发文机关。印章是政府主要负责人的签名章，用阿拉伯数字注明成文时间。附件是根据需要附上的材料，即具体审议的法令、法规（草案）、重大政策性文件或情况说明。附件标题注明在正文下落款前，有些议案可以没有附件。

要注意议案的政治性。议案表决通过后将形成法定文件，被赋予法规性和行政约束力，必须符合党和国家各项方针政策和法律法规。要深入实际调查研究，广泛听取人民群众的意见和要求，在此基础上形成符合客观实际、切实可行、科学规范的议案，确保正确性、合理性和可行性。要坚持"一事一案"原则，一份议案只阐述一个事项、解决一个问题、形成一个中心，不可把内容不同的两条或两条以上的建议、意见写进同一份议案，也不能一事多案影响审议。提出议案的机关如有需要补充的部分，可以提供有关材料以附件形式作出详细说明。

十四、函

函适用于不相隶属机关之间商洽工作、询问和答复问题、请求批准和答复审批事项。函是公文中唯一真正意义上的平行文，适用于不相隶属机关之间商洽、询问和答复问题、请求批准和答复审批事项。这里的"不相隶属机关"，包括同一系统平级机关、不同系统不具有统属关系的机关。除了在"不相隶属机关"之间行文外，特殊情况下也可以用于有隶属关系的上下级机关之间，如通知一般事项，要求下级机关呈报有关报表、材料或统计数据，以及向上级机关请示较小事宜也常用函。发文要体现双方平等沟通关系，行文重务实不务虚，任何机关或组织均可制发。不论用于商洽、问答、请批，均代表使用单位的意志与权威，是作为正式文件传达机关的意见，具有与其他文种同等的法律效力，必须严格遵循公文的格式规范，符合公文语言要求，措辞要礼貌诚恳谦和、尊重对方，不能用下命令作指示的语气和指令性强硬语言。

函的分类包括：一是按发文目的分类，可分为发函和复函；二是按内容用途分类，可分为商洽函、询问函、请批函和告知函；三是按性质形式分类，可分为公函和便函。结构一般包括标题、主送机关、正文、落款四部分。标题由发文机关名称＋事由＋文种组成，如《国务院办公厅关于同意广东、香港、澳门承办2025年第十五届全国运动会的函》，有时可省去发文机关，由事由＋文种组成，如《关于就国际会计准则理事会发布的租赁准则修订征求意见稿公开征求意见的函》。还有对问题答复函的回复称为复函，由发文机关＋事由＋文种组成，如《国务院办公厅关于重点林区"十四五"期间年森林采伐限额的复函》。主送机关是受文并办理来函事项的机关单位，于文首顶格写明全称或者规范化简称。正文开头主要说明发函的缘由，概括交代发函的目的、根据、原因等内容，一般首先引述来文的标题、发文字号，然后再交代根据，以说明发文的缘由，然后用"现将有关问题说明如下"或"现将有关事项函复如下"转入下文。主体是函的核心部分，主要说明致函的事项，要一函一事，行文直陈其事，用简洁得体的语言写明问题、请求、意见。如果属于复函，还要注意回答事项的针对性和明确性。结尾一般用礼貌性语言向对方提出希望，或请对方协助解决、请对方及时复函、请对方提出意见以及请主管部门批准等。结语通常根据函询、函告、函商或函复事项，选择运用不同的结束语。致函一般用"专此函告""特此函询""敬请复函"等，复函多用"此复""特此函复"等结尾。如属便函，可以不用结束语，使用"此致""敬礼"。落款包括单位署名、成文日期，并加盖公章。

十五、纪要

纪要适用于记载会议主要情况和议定事项，是来自会议记录的概括和提炼，主要记载会议的议定事项、主要精神、目标要求。通常纪要只印发给到会的单位，有时也会根据特殊情况抄送有关的单位。行文关系可报送上级领导反映会议主要情况，以获得上级对工作的指导，也可以正式文件形式发给下级，使其领会会议主旨并贯彻落实，还可发给平行机关知晓情况，配合本单位工作。纪要顾名思义就是要"纪"其之"要"，不需要将会议的每一个流程都详细记录下来，经过对会议记录提供材料的概括、整理、提炼之后得以成文，是会议意志的重要表达，为工作提供依据和凭据，具有很强的指导性。要将会议议程、议定事项和传达的会议精神真实无误、准确到位地加以概括和反映，不能擅自更改会议精神，忽略或增添议定事项，歪曲会议的本来情况。纪要是法定公文的一种，必须遵循规范的公文格式，一般以文件的形式发布。纪要不同于决议，重要会议需要用到决议、决定并郑重发布，而一般会议只需纪要形式上呈下达即可。

纪要可分为指示型纪要和通知型纪要两类。指示型纪要包含对上级方针政策的落实意见、对重大事项的不同意见的认识统一和对今后工作的具体指示。通知型纪要又叫办公纪要，是对会议议定事项结果的明确和确认，为相关部门工作提供具体指导和执行依据，要注明会议的时间、地点、主持人、与会人员情况、会议议题、会议的主旨精神和意义。纪要的基本结构由标题、开头、正文、结尾四部分构成。标题由会议名称＋纪要组成，如《全国农村工作会议纪要》。还有将会议主要内容在标题里体现出来，如《关于加强土地统一管理的会议纪要》。也有正标题＋副标题，正标题揭示会议主旨，副标题阐明会议名称。开头要简要介绍会议基本情况、会议时间、地点、与会人员情况、召开会议的目的、根据、议题、主要活动等。正文是主体，用分条论述法将会议内容和议定事项分条目写出，这种方法让人一目了然，多用记录日常工作会议。还有综合整理法，将会议内容按不同性质归纳整理成不同部分，多用于工作经验交流会等会议场合。另外还有挑选摘抄法，将会议具有指导作用的发言按性质归类，或者按发言的重要性加入正文，具有真实具体且客观的特点。结尾有的写完会议精神和决定部分就结束，有的则以领导人发言或主持人总结等作为结尾。一般不落款，成文时间可写在标题下。

第三讲
常用公文的行文规则

党政机关履行职责、开展公务活动，核心是围绕行政公文的制定出台和组织实施展开的。以具有法律效力的行政公文为核心，通过服务于行政公文制发和实施的事务公文，还有机关开展工作出具的凭执文，三者构成机关运行有序衔接的完整工作链。事务公文是行政业务基础建设，一般可通过转发、批转、摘发等形式转化为行政公文，而凭执文是机关开展工作的应用文，包括大事记、年鉴、祝酒辞、邀请函、介绍信、证明信、证书和聘书等，具有史料性、礼仪性和资质凭证等特点，是围绕机关公务活动和对外交往制发的，代表机关意志具备行政服务功能，但不具备转化为行政公文的属性。本讲分类介绍事务公文的种类和行文规则。

一、工作文案

工作文案是指放在案头手边用于工作的工具和资料，是开展工作实施领导和指导的基本依据，也是服务决策、制定行政公文的基础和预案。这类文稿多用于党政机关开展行政事务活动中，应用于信息传递、工作反馈、决策酝酿、行动计划、情况分析等常态化运行通道，由此形成的工作文本构建起领导与指导关系和工作推进机制。

（一）计划和方案类

计划和方案类包括工作计划、方案等文种。一般从目标、任务、要求、措施等方面，通过调查研究、座谈讨论和论证完善等环节切入，成为酝酿和推进工作的基础和行政活动起点，也是对工作预先作出的科学筹划和安排。计划和方案的种类较多，按内容划分有综合性计划也有专项计划，方案一般是为推进具体工作制定的专项设计安排。按覆盖范围分有国家、地区、系统、部门、单位计划；按时间分有多年性的又称为规划，还有近期的如年度、季度、月份计划等；按详略分有计划要点、简要计划和详细计划等，如国民经济和社会发展计划、年度工作计划等以及生产计划、学习计划等。

计划的格式体例一般包括标题、正文和落款三项组成。标题由机关名称＋时限＋事由＋文种构成，也可以根据需要省去其中的一些成分。如工业和信息化部、中央网络安全和信息化委员会办公室、教育部、国家卫生健康委、中国人民银行、国务院国资委等六部门联合印发的《算力基础设施高质量发展行动计划》。正文除开篇写指导思想外，应重点包含目标、措施、步骤三方面内容。目标是计划的灵魂，工作计划就是为了完成一定任务而制订的，也是计划产生的导因和奋斗方向，应根据需要与可能在充分论证的基础上，明确在一定时间内所完成的任务和应达到的要求，要有明确的量化和完成时间。措施是实现目标和完成任务制定出的办法，主要指达到既定目标需要采取的手段、力量和条件，要把"怎么做"写得具体明确切实可行。步骤是执行计划的工作程序和时间安排，每项任务在完成过程中都有阶段性，每个阶段又有许多环节，哪些先干哪些后干应合理安排，一定时间内做到什么程度要作出分解。落款写在正文结束下方，包括署名和日期。有附件的工作计划，附件名称应写在正文之后和署名上方。需上报或下达要转化为公文作为附件发送。

方案是围绕开展专项工作而制定的系统设计和详细操作办法。内容上要从目的要求、方式方法、时间进度、组织保障等方面作出全面部署，可分为工作方案、实施方案、行动方案、改革方案等，如《机械行业稳增长工作方案（2023—2024年）》《知识产权公共服务普惠工程实施方案（2023—2025年）》《知识产权公共服务普惠工程实施方案（2023—2025年）》《积极发展老年助餐服务行动方案》《深化集体林权制度改革方案》《国家植物园体系布局方案》。格式体例一般包括标题、正文两部分。标题由制定机关名称＋事由＋文种构成。正文部分由前言和主体构成。前言要写明制定工作方案的缘由、背景以及行文的根据、目标、意义和要求等。主体分为指导思想、基本原则、主要目标、实施步骤、工作措施、组织保障等。指导思想是开展工作的依据、内容关键词和行进逻辑、达到的目的和方向。基本原则是推进工作要遵循的原则，主要指注意掌握和运用的政策与工作准则。主要目标可分为总体目标和阶段目标，既要有定性也要有定量。工作措施是指开展工作的具体内容，以及方法策略。还要有组织领导保障，根据职责分工明确主要承担部门、协助和参与部门，切忌工作不明、责任不分。

（二）总结和汇报类

总结和汇报类是推进和完成工作的各种汇总分析材料，也是开展和指导工作经常使用的文体。总结既可以转化为上行文也可以转化为下行文，而汇报只能是上行文，特殊情况下也可以批转作为附件下行。虽然二者的行文路线和语言尺度有区别，但内容基本都是对工作进展情况的汇总和分析，要求有情况汇总、有推进节奏、有数据分析、有层次变化，一般包括取得的成果、主要做法、存在问题和下步安排。汇报除了要有总结中的这些元素外，要突出重点控制篇幅，语言和内容选择上要有适当取舍。要减少议论性和过于细节繁琐性内容，增加倾向性和苗头性动态情况分析，以及生动鲜活的典型和例证，还要看需要增加对相关方面的意见和建议内容，以引起领导重视和关心支持。

总结的格式体例一般包括标题、正文、落款三部分。标题由单位名称＋主要内容＋文种组成，不能表达出完整意思时，正标题下可以再拟副标题。正文部分由前言和主体构成。前言要概述基本情况，包括单位名称、工作性质、主要任务、背景、目的等，要紧扣中心，简明扼要。主体内容包括成绩和做法、经验和教训、今后打算等方面。落款包括署名和日期，一般不放在落款处，而放在标题中或标题下，有的总结随文发送不署名。

汇报材料通常称为汇报提纲，是工作总结以汇报形式出现，用于向上级机关或领导检查和指导工作，以及上级机关专题听取工作情况的汇报材料，主要是陈述报告工作情况和问题建议。格式体例由标题、正文、落款三部分组成。标题由制发机关＋内容＋汇报提纲组成，如《电子振兴领导小组关于搞好我国计算机推广应用工作的汇报提纲》。正文部分由前言、主体组成，与总结结构基本一致，结尾要根据需要增加问题和建议内容。汇报在写法上要明确目的、抓住重点、实事求是，注意把握上行文特点和要求。要短小精悍，切忌长篇大论，要让事实说话，议论以体会和感悟形式点到为止，选取领导想听想问和关注的内容安排结构和组织材料，把特点和亮点作为主干，常规性工作可以点到或者省去。

（三）督查和信息类

督查和信息类包括各类简报、专报等文体，是围绕开展和推进工作建立的日常性与经常性的反映工作动态、情况变化、督促指导的信息传递流通渠道，也是发现问题和研究问题作出决策跟进的依据和凭据。根据需要可上行也可下行，一般用于机关开展工作内部使用，具有新闻性、专业性、期刊连续性等短平快和权威及时等特点。

简报贵在简洁及时和真实准确。可分为以下几种：工作简报是反映工作进展状况，交流工作经验或指出存在的问题，为本部门领导和下级机关及时了解掌握工作情况服务。专报主要是针对某项工作、任务、活动而写的，具有较强的针对性和时效性，一般按上行文规则运行。通报主要用于部署的工作任务进展和完成情况的信息反馈，一般按下行文规则运行。还有用于会议情况报道的会议简报，以及反映情况的动态简报等。

简报类似期刊具有连续性信息汇总特点，制发格式一般由报头＋报核＋报尾三部分组成。报头类似公文的"红头"，一般套红印刷。首页间隔横线以上称为报头，由简报名称、期数、编发机关、日期、保密提示等组成。简报名称用大号字套红印刷。期数位于简报名称下方正中并加括号。如果是综合工作简报，一般以年度为单位统编顺排；如果是专题简报，按本专题统编顺排；如有特殊内容而又不必另出一期时，就在名称或期数下面注明增刊或专刊字样。连续出的简报要注明总期数。编发机关署机关办公室或秘书处，位于期数下间隔横线上方左侧，编发日期位于编发机关右侧。如需保密在首页报头左上角，标明秘密、机密、绝密或内部刊物等字样。报核由标题、目录、正文三部分组成。标题要能够简要地概括出正文部分陈述的核心内容，用词要准确、简明、醒目。目录是指文稿较多要在报头下设目录一栏，将各篇文章标题罗列出来。正文开头要用概括性语言介绍事件主要事实和基本内容，主体要紧扣开头按照一定逻辑关系分层展开，最后要指出事件的意义或者未来发展趋势，也有主体部分写完自然收尾不再写结语。报尾在简报末页的下方，用间隔横线与报核分开，写明报什么机关、送什么机关、发什么单位，以及制发机关、印发日期和印数。

（四）调查和研究类

调查和研究类是机关开展工作的源头和路径模式依赖，形成的成果具有多元转化的特点，直接成果是调查报告和专题研究报告。调查研究可以分为调查和研究两个重要环节，两个环节一前一后构成因果关联。前期调查环节有直接调查和间接调查两种形式，两种形式根据工作需要也是多种多样的。直接调查就是深入基层一线，通过开展座谈访谈、问卷统计、查阅资料台账等方式，了解基础情况、掌握第一手材料。直接调查是机关开展工作的基本工作作风和方式方法，也是酝酿和制发公文、推动工作深入的本源。党中央大兴调查研究所倡导的就是这种作风，是把了解情况、分析原因、改进工作，与现场办公、问计于民结合在一起的。间接调查是指利用第二手材料的调查，虽然这种形式没有深入一线面对面求证，但通过对接掌握情况的部门和人员提供真实可信资料，以及利用文件简报和报刊资料等信息，也是一种调查。研究是按照政策和上级文件要求，对获取的调查资料进行分类甄别和加工认定的过程。

　　调查报告是以调查和研究两个环节为基础形成的文字成果。格式体例一般由标题、导言、正文、结尾四个部分组成。标题要简明扼要，明确表达主题，一般由事由＋文种构成的公文式标题、陈述隐匿对仗的文章式标题、疑问或反问的问题式标题、正副式标题等多种灵活方式。如毛泽东通过调查研究起草的文稿《中国的红色政权为什么能够存在？》。导言作为开头具有吸引眼球作用，一般采用概括式、提问式和结论式等灵活方式，要简要凝练、高度概括。正文是主体，按照不同的结构填充内容，各部分之间要有逻辑关系，避免产生割裂和断层感。表述方式要按照材料特点，选择按时间顺序、材料分类、问题意识、混合模式等分层叙述逐一展开内容。结尾是全篇的点睛和升华，通常采用总结式、展望式、建议式、补充说明式。

　　与调查报告相类似的还有研究报告，是针对实际工作中存在的具有代表性、典型性或普遍性的新情况、新问题和新事物进行分析研究，探索其本质和规律，提出解决问题的措施与办法的文体。研究报告包括课题研究报告、评估报告、咨询报告、统计分析报告等，结构格式一般与调查报告一样，包括标题、导言、正文、结尾四个部分。本书第七章将围绕经常遇到的四种文体做专题解析，其中就有调查报告和课题研究两种文体，将结合实操做具体解析说明，本章只从文体种类角度做简要介绍，不再更多地展开和阐释。

二、会议文件

会议是党政机关履行职责、开展公务活动的重要形式，是上级领导机关或行政主管部门为总结和部署工作、实施组织领导和工作指导主持召开的。会议内容主要是围绕确定的主题和议题，把下级机关和相关部门集中在一起，进行部署工作、分组讨论和开展动员，为更好地推进工作进行的充分交流和行动前的思想统一，是围绕着公文的正式诞生或组织实施的重要推进形式和渠道。会议文件由开幕式讲话、传达提纲、会议文件说明、主报告、领导讲话、会议决议、闭幕式总结讲话等文件，以及大会发言、典型经验介绍、会议简报、会议公报等材料两个部分组成。文件是提交会议讨论的要件，会议结束后一般根据讨论意见修改完善，然后以公文形式印发实施。

（一）传达和说明类

传达和说明类包括会议开幕词、闭幕词、提交文件说明、会议决议等会议配套文件。开幕词也是会议主持稿，主要是宣布会议开幕、阐明会议主题、阐述召开背景、介绍议程安排、说明会议任务、达到的目的、纪律要求等。闭幕词也称为会议总结，是结合讨论评价和反响总结会议收获、阐述会议意义、提出贯彻落实要求、向与会人员和服务人员表示感谢等，也有围绕理解和落实好会议精神，就一个方面突出问题作出具体阐述。如邓小平在中央工作会议闭幕会上发表的《解放思想，实事求是，团结一致向前看》。提交文件说明，是对印发会议讨论和审议的文件作说明。结构内容包括介绍文件的起草背景和依据、文件产生的过程、结构和内容说明、对讨论提出要求。如《关于〈中共中央关于党的百年奋斗重大成就和历史经验的决议〉的说明》。会议决议是介绍会议情况、主题和审议通过的事项，以及会议内容和主要精神、会议发出的号召等内容。如《中国共产党第二十次全国代表大会关于十九届中央委员会报告的决议》。

（二）报告和动员类

报告和动员类是指领导在会议上作的工作报告和动员讲话。领导会议讲话一般分为部署性和动员性两种形式，一个侧重部署安排，一个侧重思想和组织动员，都是围绕会议主题展开的，分别由主要领导和分管领导，或主管领导和部门领导承担。部署性讲话也称工作报告，既有对过去工作的总结，又有对今后工作的安排，内容比较详细具体，一般由部门领导或上级分管领导向参会人员报告工作，体例范式可参照总结和计划、方案三种文体综合一体排兵布阵。如每年的《政府工作报告》。动员性讲话一般由上级主要领导或主管领导以指示的角度发表意见和要求，是从全局角度要求提高思想认识、强调重点任务、提出组织保障。如习近平总书记在中共中央党校建校90周年庆祝大会暨2023年春季学期开学典礼上发表的重要讲话，就对党校工作提出"党校始终不变的初心就是为党育才、为党献策"的指示定位。

领导会议讲话是会议的中心和核心。特别是动员性讲话是会议的高点和"核爆点"，要有新思想新理念站在前列发挥领导和引领作用。讲话的语气和内容要严格按照职责分工进行，不能讲超出职责分工外的工作。要与会议环境、规模、参加人员等现场情景协调，突出针对性和实际效果。领导讲话稿比较灵活，一般分为标题、正文、结尾三个部分。标题分为直接式和复式，直接式是直接注明何人何时在何种会议上的讲话，复式由提炼出的讲话主题做主标题、在什么会议上的讲话做副标题，然后标注时间和讲话人构成。正文开头首段开门见山提出会议的主题和任务，然后进入正文从提高思想认识切入，接着明确工作重点并作出说明，最后明确组织领导。结尾要鼓劲倡议发出号召。领导讲话稿是事务公文中应用频次最高的文体种类，本书将在第七讲作详细解析。

（三）发言和典型类

发言和典型类会议材料是下级部门提交会议的发言和案例材料。前者是从落实会议部署角度表态和工作说明，后者是为会议提供示范借鉴角度介绍典型做法，有时根据需要用推进会或现场会形式推出典型材料。发言材料是发言人代表本单位或本人发表的与会议有关的认识、体会和思路。发言虽然也是讲话但与领导讲话有明显区别，要按照上行文规则掌握，注意把握简短和简洁特点，始终围绕会议主题和要求展开，要抓住关键和要害，做画龙点睛式阐述，不能长篇大论和面面俱到。会议发言稿有基本固定格式，一般包括标题、正文和结尾三部分。标题由发言者＋会议名称＋内容＋文种组成，有时只注明发言者、会议名称和文种类别，还有的用括号注明发言时间。正文俗称为开场白，相当于前言或序，写发言缘由引入正题，也有的开头用"各位领导、各位代表"之类的称呼，或者以东道主的身份对来宾表示欢迎。主体部分写具体内容，要结合工作职能和实际，提纲挈领地分层介绍和说明。结尾要表达对贯彻落实会议精神的信心和决心。

典型发言材料是会议的特色和闪光点，是通过总结实践案例达到推动工作的目的。包括先进集体或先进人物的事迹、重大责任事故和违法违纪干部通报正反两方面事例的总结交流。典型材料用途非常广泛，会议典型发言和会议印发交流是用于会议学习推广，还有文件转发、媒体刊发的典型材料是用于工作借鉴和宣传，类别有推广型和警示型、个人事迹和部门经验等。经验材料一般包括标题、正文、结尾三个部分。标题有直接表明主题的陈述式、概括内容的对仗式、吸引眼球的提问式，以及主题和副题组合的双题式等。正文开头是导言部分，主要概述背景、主题、目的与意义等基本情况，接下来是要集中阐述具体情况和主要做法，或叙述事实解剖原因提出工作要求。结尾处要升华主题表明态度，或是指出典型深化思路，或是发出号召提出警示。本书将在第七讲对典型经验材料进行深入解析。

三、制度规章

制度规章是为建立秩序和提高效能制定的行为规范，具有鲜明的约束和管理属性，也是应用非常广泛的文体。根据管理场景和对象的多样性，制度的内容和发布形式也是多样的。有面向社会具有普适性的管理制度，也有面向特定群体和场所制定的专项制度，还有机关和系统内部建立的工作制度以及管理制度。有用公文批转向社会公开发布的制度，也有用文件印发内部执行的制度，还有公开张贴发布的制度等等。本部分采取分类归并的方法，介绍具有管理和约束属性的制度规章类文体，很多与党政机关公文属性不直接的没有纳入其中。

（一）条例和规定类

条例和规定是党政机关发布的具有权威性和法规意义的行为约束规范。其中，条例是为调整国家生活某个方面的准则、控制某种行为细节而发布的强制性命令、指示或禁令的文书，既适用于党的中央组织制定规范党组织的工作、活动和党员行为的规章制度，又是国家行政法规和地方性法规的主要形式。条例具有法律效力，制发单位具有法定性，只有法定授权的党政机关才有权制定相关条例，其他单位制定的文件不可拟定为条例。条例的规定和要求具有原则性和概括性，不是具体执行某一工作的操作性公文，在具体执行时还需根据本地区、单位或部门的实际情况，制定实施办法或实施细则。

条例主要由标题、题注和正文三部分构成。标题制定主要由内容＋文种组成、适用范围＋内容＋文种两种形式组成。如《党政机关公文处理工作条例》《未成年人网络保护条例》。题注通常位于标题下方正中加括号标注，注明条例发布日期及发布机关，若条例是经过会议通过的，要注明通过的会议和日期。正文部分主要包括制定的因由、条规及施行说明三部分。制定的因由主要用于说明制发的依据和目的，若采用章条式方法写作，则主要体现在第一章总则部分；若采用条款式方法写作，则主要体现在前几条中。条规是条例的核心部分，"条"即从正面规定条文，讲明允许或要求做什么，"例"是从反向说明禁止做什么。若采用章条式，主要表现在分则部分；若采用条款式，则主要体现在条例中间的条文中。施行说明即说明实施的具体要求、注意事项、生效时间、适用范围、解释修改权限等内容。若采用章条式，则主要体现在最后一章附则中；若采用条款式，则体现在最后条文中。

规定是为处理某种特定事项、开展某种工作制发的法规性公文，一般由标题、正文、发文机关和日期三部分组成。标题由机关名称+事由+文种、事由+文种两种形式组成，根据制订情况加限制语如"暂行""试行"等。如《事业单位领导人员管理规定》。正文由总则、分则、附则三部分构成，附则有时可省略，有时在总则前加序言。总则一般自成一章分为若干条，说明制定规定的目的、依据、意义、指导思想、基本原则等。分则分为若干章，每章分为若干条款。这一部分不同类型写法不同，政策性规定着重于界限划分、明确范围，提出要求和惩处情况。管理性规定侧重于对实施文件的有关事项作出规定与解释，提出具体的实施意见。补充性规定主要就原件不够明确、具体等方面加以明确、补充或解释。附则主要用作补充说明以及交代执行要求，包括施行说明、执行日期、解释权等。条款式正文直接分条列项依次写出，用序码标注出每一部分内容，若规定仅为某一事项或某一问题而制定以及补充规定，则多采用这种形式。发文机关和日期在正文的右下方署发文机关名称和发文日期，如标题中已标明可省去这两部分。

（二）办法和细则类

办法是介于条例、规定与细则之间，对某项工作或某项活动提出方法、措施和程序化要求的法规性文书，通常包括标题、题注及正文三部分。标题主要由规范内容+文种、发文机关+规范内容+文种、原件标题+文种构成，如《国务院办公厅关于印发〈保障农民工工资支付工作考核办法〉的通知》。题注通常采用发布机关及发布时间的写法，随命令和通知发布的一般不显示制发的时间和依据，但在独立使用时应在题注中注明原命令和通知发布时间。正文分为章条式及条款式两种。内容丰富的采用章条式，通常分为总则、分则及附则三部分，总则主要阐述制定的根据和因由，包括制定的依据、目的、意义、指导思想、基本原则及概念、适用范围及实施部门等。分则主要阐述规范条款，具体说明颁发、步骤、实施措施和要求等。附则主要阐述实施说明，包括施行日期、施行要求、解释权、说明权以及与之前颁发的有关规定的关系等。通常除分则部分以外不分条列项。内容较简单的采用条款式，在前若干条中阐述"总则"内容，在结尾若干条中阐述"附则"内容，中间部分阐述"分则"内容，全文按序列条，有时可在条下再设分项款。

细则也称实施细则，是对已发布的某项法令、条例、规定或办法制定的具有权威性的解释、明细的标准和具体实施的文体种类。细则主要由标题、题注和正文三部分构成。标题通常由原件名称＋实施细则、区域范围＋实施内容＋实施细则组成。如《〈关于全面推进政务公开工作的意见〉实施细则》《上海市居住证积分管理办法实施细则》等。题注包括制发机关名称和发布日期，由会议批准或通过的还要标注通过的会议和日期，位置可以位于标题下方正中，也可位于正文后的落款处即文末右下角。正文与办法的结构相近，通常包括制发依据等制定前提、具体实施规则及实施说明三个部分，可以分为章条式和条款式两种。章条式分为总则、分则、附则三个部分，条款式与章条式的不同在于直接列条不分章。细则是其原件的派生，应当深刻领会原件的指导思想、基本原则等内容。

（三）规范和规则类

规范是为了实现预定工作目标，按照相关的实施要求，对某项工作质量标准、质量要求制定的规定。一般由标题、正文、结尾三部分组成。标题包括适用范围和文种两个要素，如《无证行医查处工作规范》。正文首先简明交代行文目的和依据，规范事项采用分条列述的形式，将有关工作程序的规范化要求逐一表达清楚。结尾包括有关实施说明或名词术语诠释等，也可省略视具体情况定。规范的重点在于"范"，内容具有限定性，要求详尽周密，具有可行性和可操作性，决不能含混笼统，让人无所适从，语言以正面说明为主。

规则是为维护工作纪律、公共利益和某种秩序，以保证某项活动或工作能够顺利开展或达到某种目标，对人们的行为方式、方法规定出的必须共同遵循的准则。通常由标题、正文和签署三部分组成。标题包括发文机关＋事由＋文种，也可省略发文机关，通过的机关名称和日期加括号标注于标题之下正中位置，如果是随正式公文发布不单独注明日期，以发文时间为准。如《国务院工作规则》。正文首先要明确缘由、目的、遵循的原则等，内容包括具体方法、措施、处罚手段、奖项、注意事项等，最后写生效日期、解释权等方面的说明。正文结构有通篇分条列项式和分章列条式两种，内容复杂、层次较多的分总则、分则、附则三部分，总则说明制发的理由、根据等，分则列出各项要求、措施等，附则说明执行的相关要求。签署发文机关和日期，有时采用括号内注明形式，有时把签署写在正文的右下方、时间在发文机关的下方。

与规范和规则相接近的还有规程。规程是为保证质量和正常生产与生活，在一定范围内规范人们的行动要求、操作过程和程序，多用于一些具体的、事务性的稳定而通用的处理问题的方法，具有指向性、操作性与统一性，有统一的标准、要求和程序，用以规范人们的行动，保证大家有一个正常的社会生活秩序。规程一般由标题、正文、署名和日期三部分组成。标题包括制发机构名称＋主要内容＋文种组成。正文内容简单的可采用分条列项式，用序号标明层次，将规定的事项列出。内容复杂的可采取分章列条式，分为总则、分则、附则三部分，与规约类其他文种相同。署名和日期位置在正文右下方。内容简单的规程，也可省略署名和日期。

（四）章程和公约类

章程是为规范本组织成员、保证组织活动的正常运行而对本组织的性质、宗旨、任务、权利义务等作出系统的阐明与规定，要求组织整体及每个成员必须严格遵守执行的规范性和纲领性文件。章程一般由标题、签署和日期、正文三部分构成。标题由制定者＋文种组成，如《中国共产党章程》。签署和日期指通过章程的会议及时间，是章程权威性和执行效力的标志，通常置于标题下方加括号标注。正文一般阐明组织或团体的性质、宗旨、任务、组成人员、组织结构和活动规则等基本内容。结构可采用分章列条式或整篇分条分项式，多数采用分章列条式结构，由总则（或总纲）、分则和附则组成。总则要简明准确地写明组织或团体的名称、性质、宗旨、任务、指导思想和自身建设等内容。在条款贯通式结构中，总则的内容通常列为前两条。分则要写明成员条件、参加组织或团体的手续和程序、享受的权利及承担的义务、对成员的纪律要求等。组织机构包括领导机构、常务机构和办事机构的设置、人员规模、产生方式和程序任期、职责及相互关系，以及经费来源及其管理方法、活动内容和方式。其他事宜视需要确定具体内容。附则是对前述内容的补充说明或其他相关内容，通常用最后一章，条款贯通式为最后一至二条，简要说明章程的生效时期、适用对象、实施要求、修订及解释权限的归属等，有的章程则不写这部分。

公约是为了维护公共利益、公共秩序和纪律，更好地贯彻各项方针政策或有关指示，保证学习、生产和工作任务完成，通过讨论、协商在自觉自愿的基础上，对应共同遵守的道德规范和行为准则等达成共识并写成条文，以便共同遵守的公共约定文书。按照约束范围，公约可分为部门公约、行业公约及民间公约三类。格式体例包括标题、题注和正文三部分。标题由适用范围＋文种、适用对象＋文种、内容＋文种构成，如《联合国防治荒漠化公约》《上海市民世博文明公约》等。题注包括制定公约的主体及制定公约的时间，通常在标题下方正中加括号标注，有时可置于正文后右下方。正文通常由引言和公约条文两部分组成。引言主要说明制定的目的和意义，条文内容相对其他种类较少，多采用分条式，明确提出各主体应当遵守的道德规范和行为准则，同时也明确指出各主体不应当做什么，具有较强的操作性。

（五）制度和守则类

制度是为要求有关人员遵守或执行某项工作，规范工作程序而制定的要求。它所涉及的内容非常广泛，发布方式多样，除印发外还可张贴和悬挂在某一现场，以提醒人们遵守和相互监督。制度的内容结构由标题、正文、制发单位和日期三部分组成。标题由制发机关名称＋发文事项＋文种、适用范围＋内容事项＋文种、内容事项＋文种组成，适用范围用标题下括号标示法标明。如《关于建立国务院向全国人大常委会报告国有资产管理情况制度》《关于健全重特大疾病医疗保险和救助制度》。正文一般采用通篇分条分项式，包括序言简要概括制发的缘由、指导思想、目的、要求等，然后分条分款写明各项具体条文，结尾写明实施范围、生效日期、修订权和解释权等内容。还有分章分条式，可按照总纲分章式分章分条写，有时在正文前会有序言。制发单位和日期，包括机关名称、制定日期两项要素，位置可在正文下相当于落款的地方，如有必要也可在标题下方正中加括号注明。

守则是为维护公共利益和工作秩序，以党和国家的方针政策，相关法律法规及全社会共同遵守的道德规范为依据，结合具体情况向所属成员发布的行为准则和道德规范。制定的基本规范与办法类似，包括标题、题注和正文三部分。标题由发文机关＋约束范围＋文种、约束对象＋文种构成，如《涉外人员守则》。执行一段时间考证后需要修订完善的，可在标题后括号加"试行"字样标注。题注标注方式在标题下方正中，用括号标注发布日期和发布机关，也可在守则正文结束后右下方标注。正文一般较为简洁短小，通常采用条款式，较少采用章条式，且在条款制定的过程中，要彰显内容的概括性、规范对象的针对性、语言的准确性、具体措施的可行性及语言的通俗性五大特点。内容须具体可行易懂易记，以简单凝练的语言为宜。

四、礼仪交往

党政机关在履行职责、开展公务活动中，礼仪交往是很重要的一项工作，而且涉及的对象和内容广泛，文体形式灵活多样，使用具有一次性特点，很少会通过公文转发或批转，一般通过会议、电讯、媒体等形式刊发，是表达机关态度和主张、开展工作的重要手段。

（一）信函和祝词类

公开信是将内容公布于众的信件，可以笔写也可以印刷张贴、刊登和广播，对象一般比较广泛。如毛泽东《致六级干部的公开信》。公开信可分为以领导机关名义在纪念活动、传统节日或其他必要情况下，给有关单位、社会阶层、集体、个人的书信，这类公开信有问候表扬和鼓励的作用。还有领导机关或个人针对某一问题写给有关对象的公开信，这类公开信有的是表扬，有的是批评，有的是倡导好风气，有的是提出建议。不同类型的公开信内容与写法大不同。比如，重大节日活动针对相关人群的公开信，一般标题由发文双方名称和发文原因共同组成，如《中国共产党中央委员会致各民主党派中央、全国工商联的感谢信》。称呼有的写集体的称呼，有的写个人姓名。正文一般要表示关怀、问候和祝愿，真情实意地赞颂受信人的品德、成绩、贡献及其影响，使受信人感到鼓舞和自豪，然后提出勉励和希望要求，使受信人不骄不躁，继续奋斗，为社会作出更大的贡献，最后发出号召和再次表示真挚的祝福。落款在全文结束后署上发文单位或个人姓名和成文日期。

祝词是表示祝贺类通讯和庆祝类文体总称，包括贺信、贺电、祝酒词、欢送辞、欢迎辞等。贺信是向集体单位或个人表示祝贺的专用书信，是由古代祝词演变而来的，已成为表彰、赞扬、庆贺对方所作贡献的一种常用形式。标题由发送机关名称或个人名字＋受信单位或个人＋文种名构成，称谓顶格写明被祝贺单位或个人的名称或姓名，正文首先要表示祝贺，然后交代清楚背景和意义、概括说明取得的成绩，分析成功的原因、表达真诚的慰问和祝福，结尾送上激励和希望。落款写明单位或个人名称，并署上成文日期。祝酒词、欢送词、欢迎词等致辞，一般以会议场合领导讲话形式出现，基本结构是以庆祝为主题的领导讲话，如习近平总书记《在庆祝中华人民共和国成立 74 周年招待会上的讲话》。

（二）表扬和倡议类

倡议书是向社会提出建议或提议的书面文章，并不是强制性规范，是在轻松中宣传真善美，在较大的范围内调动人们的积极性，号召人们参加一些有益于社会的公益活动，这些活动与日常生活息息相关，具有较强的鼓动性。倡议书由标题、称呼、正文、结尾、落款五部分组成。如《携手构建人类命运共同体：中国的倡议与行动》《共同抗疫守住上海倡议书》。标题一般由倡议内容＋文种组成。称呼一般顶格写在第二行开头，有的也可不用称呼，在正文中指出。正文要写明背景、原因和目的，内容要具体化，一目了然。结尾要表示倡议者的决心和希望或者建议。落款写明倡议单位和发出倡议日期。

表扬信是表达对被表扬者优秀品行颂扬之情的专用书信,可以直接写给表扬对象,也可以写给对象所属单位,还可以写给新闻媒体。如上海市委、市政府发布《致全市人民的感谢信》。慰问信是向某条战线、某个岗位辛勤工作的某些人或者遭受某种不幸的人表示问候、安慰、鼓励、关怀的信件,结构基本与感谢信相似,只是内容上侧重安慰与关怀。

(三)唁电和悼念类

唁电是相距较远或因故不能亲临向逝者单位或亲属发出的表示哀悼、慰问的电文。唁电分个人唁电、单位唁电、国与国之间的唁电三类。无论哪种类型,唁电一般都是由标题、开头、正文、结尾和落款五部分构成。标题直接由文种构成或由致 + 逝者姓名或单位名称 + 文种,如《致×××的唁电》。开头是主送单位或家属名称,正文首先表达惊悉噩耗表示沉痛的心情,然后简要叙述双方交往和逝者的优秀品格与功绩、表示继承遗志和品格提出愿景和希望,最后向家属表示慰问和安慰。落款是单位或个人署名和发电时间。

讣告是告知某人去世消息由逝者单位治丧委员会或家属向亲友、同事、社会公众报告消息的文体。讣告要在遗体告别仪式前发出,以便让逝者亲友及时做好必要的安排和准备,如准备花圈、挽联等。讣告可通过日常联系渠道或登报发出,有影响的人物一般通过媒体向社会发出。党和国家领导人、重要人物或影响大的人物,一般是由党和国家机关、团体作出决定发出的。开头要标出发公告或宣告的单位名称和逝者姓名,正文公布逝者离世的消息,包括职务、姓名、离世原因和时间、地点以及终年岁数,接着简介逝者生平和对死者的评价,以及对逝者表示哀悼之词,署明公告或宣告时间。

悼词是单位(团体)代表人在追悼会上发表对逝者表示沉痛哀悼的讲话或文章。它由标题、正文、结尾三部分构成。标题由领导人姓名 + 追悼会名称 + 文种组成,如《在×××同志追悼会上的悼词》。正文由开头、中段、后段三部分构成,开头说明追悼会举办的地点、参加对象、目的,随后说明逝者职务、职称和称呼以示尊重,接着简要概述逝者离世时间和原因以及享年岁数等。中段介绍逝者生平事迹，包括出生时间、籍贯、学历以及生平业绩，突出对人民、对社会的贡献，对逝者的品格、贡献和影响作出评价。后段要积极向上走出悲伤，主要说明如何向逝者学习、继承其未竟事业、化悲痛为力量，为国家和社会作出更大的贡献等内容。结尾要写上"永垂不朽""精神长存"之类的话。

第四讲 公文写作技法

清代李渔在《闲情偶寄》中谈到文章结构，用胎儿在母腹中孕育和工匠建房类比。形象说明结构孕育和确认过程，就是确定四梁八柱，构筑骨架脊梁，把现实事物赋予生命情感，作出判断阐释的语言条理化构造过程。公文作为履行职责、推进工作和开展公务活动的应用文，始终是围绕着社会实践循环往复地不停轮回，如何把纷繁复杂的社会实践作出条理化和结构化叙事，取决于思维认识活动中蕴含的知识与方法。结构是整体构造的骨架和支撑，公文的结构就是框架设计和布局谋篇，是公文写作破局起步和决定质量高低成败的关键。在介绍过公文的本质和基本原理以及相关规制基础上，本讲开始进入公文写作技法阶段，先从结构入手破解公文写作之难。

一、框架思维

人类认知能力包括命名、分类、变形与旋转四种基础认知，是通过建立和应用框架思考决策的。框架思维可以有效地定义问题、分析问题和解决问题，帮助看见另一种可能和遇见未知。框架思维有因果律、反事实思维、恰当约束三大要素，是决定认识和行动的视野与格局的关键要素。因果关系是建构框架的基本要素。人类具有抽象思维能力，使用因果关系看世界，把因果转化为框架作出推断和预测，从而不断修正优化行动方案。人们在行动前通常会先模拟环境，利用已知信息去想象和填补未知世界空白，因果推理就具有了可操作性。但是，行动需要面对软约束与硬约束，软约束是可以改变的约束，而硬约束是不可改变的，这就要规避硬约束，在软约束上寻求改变的空间。学会建构框架和应用不同框架，对新事物持开放态度可以超越自我局限，能够从不同角度看待问题，新视角会打开新思路开辟新路径，找到更好的解决方案和带来更大的回报。

心智模型（Mental Model）是人们在大脑中构建起来的认知外部现实世界的"模型"，可以用来描述和理解一个人的有关思维方式、信念、态度和行为，帮助人们更好地理解自己和他人。心智模型通过认知框架、思想路线、行动导向三种途径影响个体的观察思考和行动，具有不同心智模型的人在观察同一事物时，往往会有不同的感受或得出迥然不同的结论，即使对同一个资料看法也不尽相同，可谓"仁者见仁，智者见智"，这就是心智模型的作用。心智模型的"主观性"特质与人们长期以来养成的个性偏好、思维方式、行为定式紧密结合，它根深蒂固存在于人们心中，影响人们如何理解这个世界。

人的认知是受自己已有的基础框架加外部影响，处于不断建构框架和完善心智模型的运动变化状态。人的认识不是简单被动地反映客观事实的过程，而是基于对外部世界获取信息进行解读，作出合理的假设、想象,并按照特定规则或逻辑进行推论,从而作出判断和决策。人们在成长和发展心智模型的过程中会逐渐总结规律、发现模式,形成对世界的概括性看法,即人生观、价值观和世界观,这会影响人们的判断和行为。改善心智模型是一个自省、学习、创新和变革的过程。要有一个"开放的头脑",通过新的视角去获得新的资料,或以新的视角去审视原有资料,在元认知中通过大量的阅读来获得新的认知,必须持续练习、换位思考、情景规划、深度交流,改变路径依赖性,打破"心智的囚徒",通过获取新信息开阔视野、拓宽观察框架、更新思考路线、修正价值导向,让一些价值观、规则、逻辑等成为牢固的信念,才能成就全新的自我。

党政机关公文来自社会实践、用于社会实践,始终都是围着社会实践旋转和运行,掌握并运用框架思维不断修正完善心智模型是公文写作的基本功,这也是改变提升自己、决定职场个体差异和发展成长的"命门"。公文写作者要打牢元认知底座,建立基础心智模型和应用框架,包括知识结构要具有社会平均水平以上文化程度,才能对应公文面向的对象,承担起有效施治的领导与指导角色。特别是要掌握马克思主义哲学、形式逻辑学以及语言文字学、传播学、心理学等基础知识,强化公共思维、法理思维和数理思维三种思维能力训练,提高综合运用多种交叉学科和前沿专业知识,以及善用团队协作知识结构互补优势。要以这些知识储备和能力训练为基础,跟紧社会发展节奏,不断强化理论学习和思想理论武装,包括系统学习党章党史和政策法规,把党的思想理论入心入脑,了然于胸信手拈来,这是公文写作的底色和根基,也是灵魂和思想武器以及理论支撑,没有这个基础就会出现立场偏离和知识短板的硬伤。

要有转换不同框架和不断丰富心智模型的能力。要结合发展着的实践,关注和追踪理论的发展,提高理论指导实践的学以致用能力,把部门业务知识和所处时段的因果脉络,以及相关法律规定都要搞清楚。要善于开会、跟会和听会,掌握会议推进工作的机制和方法,会议是面对面的商议交流和集思广益的完善论证，跟着会议学习和提高不会也会。掌握了这些方法和要领，才会言之有物，写出的文字才会切中要害。要养成关注《人民日报》等主流媒体，以及阅读上级文件和系统报刊杂志的习惯，特别是要善于通过参加会议和团队协作，不断积累完善自己的心智模型和框架思维，这是党政机关开展工作和公文制发的结构化基础。

二、"树状结构"

公文结构主要包括层次和段落、过程和照应、主次和详略、开头和结尾等四个方面。居首要位置的层次和段落，是对文稿作出的整体立意谋划和排兵布阵，通过对材料分类和归并确立主题和框架结构，而后三者主要是围绕前者对选取的材料进行结构串联、选材剪接、首尾回应等语言组织和材料加工技术，使中心明确、文脉贯通、内在逻辑关系紧密，与前者是血肉与骨骼、材料与架构的关系。李渔在《闲情偶寄》中所讲的生命孕育和工匠建房所处的状态，主要产生在层次和段落的构思谋篇与顶层设计布局阶段。公文的结构大纲就是公文的设计图，也是动笔前酝酿制定的写作提纲，通常是由层次、段落、部分依次链接组合构成的。层次是公文叙事的单元和血肉基础，一般由若干句子组合起的相对完整的叙事层阶，段落也称自然段，是由若干层次链接组合成的相对独立完整的自然单元，若干自然段落再通过分类归并成一级标题称为部分，若干部分组合成一篇完整的公文。

公文写作通常是根据角色和场景的特定性，通过确定主题找"魂"、设计结构搭"架"、归并分类砍"块"、遣词造句填"肉"四方面入手，最终以"树状结构"形态呈现出来。用"树状结构"比喻公文结构之美非常生动形象，就像园丁眼中一棵枝叶茂盛的大树一样，解构拆分是由主干、分枝、枝杈、叶片逐层关联依次分布的，主题和题目犹如大树躯干，是一条贯通上下的主干线，骨架作为完整独立部分犹如躯干派生出的分枝，分枝犹如段落再延伸出若干枝杈，枝杈犹如层次再生成叶片，叶片犹如语言叙事单元。结构的发展推进路线是从基础单元做起，用"两点一线"法做逻辑链接。先从核心概念词语这个点出发找到在架构中的位置，确定点位关系后用叙议结合的手法点位之间连成语句线，然后不断累积，展开叙述，完成从层次到段落再到部分全过程。这种方法不仅适用于布局谋篇确定框架结构，而且也适用于层次和段落，是解决漫无边际和不知从何说起的有效方法，也是从发散到聚焦和解决文脉不畅、断层断意以及重复啰嗦和无关联硬拼凑的有效方法。抓住概念这个"点"，找到连接肌理脉络归属这条"线"，不断连点成线和把线编织成面，再由面剪裁出体，既像建筑工匠施工一样点位连线定位丈量，又像纺织一样纵横搭配，这就是公文写作所体现出的用匠心锻造和打磨修饰过程。

"树状结构"又分为纵式组合结构和横式组合结构。横式组合结构犹如灌木形态"树状结构"，一般以材料归类为线索安排结构，各部分之间是并联平行关系，基本特征是板块相对完整清晰，是公文比较通行常用的结构方式。纵式组合结构犹如乔木形态"树状结构"，通常是以事物发展的阶段或时间推移为顺序来安排结构，各部分脉络之间是"一竿子到底"的串联递进关系，多用于总结报告和调查报告等材料比较复杂情况。在具体起草和选择处理时，两种结构组合方式不是完全割裂的，由此产生综合式组合结构是结合前两种结构，既体现时间先后顺序，又注意内容逻辑联系，这种形式一般会先纵向写事物发展各个阶段情况或问题，然后再横向总结经验或教训。如果框架部分选用其中一种，那么段落则选择另一种，两种结构要通过纵横结合综合一起，才能确定点位构成有层次立体化"树状结构"，使用时要根据具体情况选择主次搭配。

运用"树状结构"实现纲举目张的抓手就是要学会列提纲。列提纲的过程也是分析归纳材料、梳理思路和布局谋篇的过程，有了提纲就等于有了设计施工图纸确定的行进路线和四梁八柱，就可以排兵布阵展开内容分类取舍从容地写下去。虽然提纲确定的框架是粗线条的，写作过程中修改补充和局部调整是难免的，但事先按照工程学原理做缜密思考和设计谋划，就可以防止中途全盘推倒重来，出现折腾和颠覆造成无效劳动。公文写作最忌讳盲目性和思维不聚焦，东奔西跑无定见先堆出来再说的习惯，等于跟着感觉走没有施工图就开始操作，结果只能是一遍一遍地写、一遍一遍地改，陷入不停折腾和低层次重复劳动的怪圈。

三、积木原理

公文结构包含的四个方面是相辅相成、共同统一于主题之下的。积木原理就是把"树状结构"用庖丁解牛的方法，按照肌理结构进行模块化单元切割和组合，将一个复杂的系统层次化，分解成若干个模块单元，每个模块都可以独立设计和制造，然后再将这些模块重新组合成一个全新的完整系统。这种方法可以提高系统的可维护性和扩展性，把杂糅的素材进行系统化分类和结构化组织，形成可拆解替换也可修复加工的零部件。积木原理的另一个特点是可重复性，同样的模块可以移植"拿来"重复加工使用，这个特点可以大大提高效率和降低无效劳动。模块单元是从基础和底座层次做起，由句子到层次再到段落递进式积累拓展，通过逻辑关系链接搭建出金字塔状相对稳固完整化和体系化产品。

公文特别强调观点要鲜明、层次要清晰、内容要翔实、语句表述要准确。观点鲜明来自思想和站位决定的立场与观点，层次清晰来自具有逻辑关系的结构安排，内容翔实来自论点与论据相统一的语言组织，语句表述准确来自语言的概括和概念的精准应用，这是公文写作的思维活动对语言组织的基本要求，需要有相关的知识点和专业学科提供内容支撑。让思维像搭积木一样从无序到图纸再到创造，是通过拆解关键词结构、跨界找到与另一个词结合点，构建部分与整体关联完成结构化的，可以解决思绪混乱问题。写作提纲是梳理碎片化材料完成整体设计谋划，写作是反过来从码字开始把材料找到归属，通过类型化把内容填充装入结构单元，由此完成从小到大和由分到总的行进过程，把占有的材料不断进行拆分再重新进行主次和详略、过程和照应以及开头和结尾处理。

用积木原理构筑的"树状结构"，要与框架思维的运用结合在一起。

框架思维提供的是思维的边界和聚焦工具，顶层设计与合并同类项手法是运用工具的操作手法。制定写作提纲做顶层设计时，要考虑照顾到后面写作时的材料使用和分布，写作时运用合并同类项组织材料，也要按照提纲的界定对材料做分类归并整合重组，这是一个循环往复、相互参照、不断调整和完善的思维过程。合并同类项手法是写作时经常采用的技术手法，也是依据框架结构分层分段展开内容填充和语言叙述的基本方法。这种方法的本质是把相互纠结一起的材料"乱麻"进行耐心梳理，通过主题延伸出的内在逻辑关系重新确定点位和秩序化，然后实施差异化拆分和依类重组，编织出条线清晰、纵横交织的点位网格化定型结构。

很多公文写作者迟迟不能入门或入门后无法深入，写出的公文或是头重脚轻出现结构失衡，或是内容交叉叙事不清晰、逻辑关系混乱，或是堆积材料失去主题没有鲜明站位和思想观点，问题就出在框架思维局限加积木原理的掌握运用上。由于思维方式和知识储备有短板和"硬伤"，导致难于准确辨析事物的构成肌理，也就无法作出合理切割，以及切割后不能驾驭层次和段落、过程和照应、主次和详略、开头和结尾等语言叙事技术，即使很努力勉强为之，也还是不得要领无法深入，难于入门和提升。

公文写作要把自己武装成无所不熟的"杂家"，只有具备足够的知识储备建立起的心智模型，才能够产生出框架思维切换转化的方法，进而娴熟地运用积木原理切割和重组材料。这就要练就带着问题学的学习习惯，采取学用结合、学以致用的方法，一方面补短板，系统学习马克思主义哲学和形式逻辑学原理，不断牢固框架思维和心智模型底座；另一方面要多读公文破解拆分结构掌握套路，不断研习训练很快就会改变和提升。

四、题西林壁

无论是公文、学术论文的写作还是文学创作，都是从事思维活动，都离不开想象和"联想",都需要展开联想的翅膀进行创新和创造,都要思维不断发散和聚焦周而复始循环,经过反复斟酌和推敲最终落地完成。差异之处是目标指向和终极结果不同。文学创作的思维发散与聚焦,主要是围绕艺术再现生活,创造出具有共鸣和共情等欣赏价值的生活典型,侧重运用形象思维生成情景和再现人物场景,需要带着丰富的情感,用鲜活生动的渲染和烘托描写语言展开叙事,最终还原到生活,塑造出鲜活生动的典型人物,追求的是作品的独特性和非复制性。学术论文写作的思维发散与聚焦,通常是从专业领域一个切面起点开始梳理找出演化内在规律,更多地运用逻辑思维和求证方法,用已知材料总结推演出结论性趋势论断,提高对事物发展规律和趋势的认识把握,追求的依旧是独创性,但材料可借鉴引用作为论据和依据出现。

公文写作的思维发散与聚焦,主要是立足于推动事物的发展与进步,运用抽象理性思维围绕诉求作出合预期的操作设计。一般运用概念化简明易懂语言,作出实事求是的客观叙述,追求的是综合性和实践操作性。与学术论文的写作和文学创作比较,思维方式和目标指向更偏向于以研为特征的学术论文,是学术论文走出书斋和校园,面向社会和大众的组织化和可实操化,这也是智库成果与公文同向,但又存在着差异的主要因素所在。公文写作作为客观事物在头脑中的主观反映,客观真实是最基本的文风特征。客观事物作为有机生命体具有立体多元构成属性,这就决定了公文需要采用分层分类切换组合的叙事手法,着眼于从事物的有机构成作出多侧面多角度分门别类的叙述说明。

把多元立体构成的客观事物真实还原,需要用角度的变化实现结构的层次化。宋代著名诗人苏轼有首著名的诗《题西林壁》:"横看成岭侧成峰,远近高低各不同。不识庐山真面目,只缘身在此山中。"这首诗形象阐明了面对多元立体组合构成的客观事物,要采取变换角度分别选取横、侧、远、近、高、低等多视角转换透视手法,进行多切面错位拆分和差异化细分,找出各层面的特点和差异展开叙事,这就有了层次切割和特点区分,然后进行分类描述和点面关联组合,平面静态化的语言就能够清晰条理地完整呈现立体事物。这种切面组合有机链接的呈现方式，吻合了公文作为书面语依次展开的阅读思维习惯，文章结构的平面化与阅读方式的静态舒展化对应，随着阅读由词到句再到段落不断深入逐渐呈现出部分和整体，事物也由概念到语句再到论据和论点，若干论点构成论断和结论最终得出有理有据的判断，公文承载的主题在有序展开中完成认识闭环。

　　公文特别强调层次感，有了层次才会有清晰的结构和语感变化。《题西林壁》提供的是视角变化给人带来层次感，只有层次感才会有立体化，才能复原现实的丰富多样化，平面化和简单化是不足以描绘现实世界的。公文写作的层次感主要来自于视角、站位的变化，换角度能带来层次变化。另外距离感也能带来层次变化，制造时间和空间距离也是层次化的重要手段。同一事物立足于当下拉开时间和空间距离，跟历史和未来趋势结合、本地与外地结合就拉开了距离，叙事就有了差异化表达，文章就会层次化立体起来。这种手法类似绘画艺术，是在平面中靠线条的轻重和虚实层次化，只有层次化才会立体多元和现实复原。公文之美在于有层次，有层次才会丰富。"树状结构"要合理搭配，整体与部分之间要紧凑协调，要层次匀称合理有美感，防止一文到底。

第五讲
破解写作难点

公文历经千年演变早已走出封建帝制的专属领地，随着新中国人民当家作主的社会制度确立，以及国家治理体系和治理能力现代化步伐的加快，社会公众越来越多地参与到社会管理事务中来，现如今党政机关公文承载着日益增多的社会治理功能，需要面向社会与公众协同改进话语体系，构建以逻辑思维为底色、公共思维为导向、数理思维为标准、法理思维为准则的面向公众话术模式，才能有效承担起指导和推动社会发展的责任和使命。本讲选取公文写作中经常使用的四个方面技术手法，破解公文写作思维局限和材料组织运用之难。

一、抛网打鱼

我们每个人的框架思维和心智模型都是有局限性的，需要用"联系"的力量转换和建立因果关联框架，确定并明确哪些因素导致了问题，只有找到了问题的根本原因，才能找到解决的方案。"抛网打鱼法"类似搜索引擎功能，是搜索"联系"的有效方法。这种方法像渔夫把手中渔网向目标扬洒出去一样，这就是发散思维又称扩散思维、多项思维或辐射思维，它是突破原有的思维定式，从同一个思维出发点开始，充分发挥人的想象力，从一点向四面八方扩散，沿着不同方向、不同角度进行覆盖式思考，通过知识与观念的重新组合，找到"一题多解""一物多用"的更多更新答案，探求各种不同答案和可能的思维过程和方法，也是开放的大脑打破"心智的囚徒"转换不同框架和丰富心智模型走出的第一步。

写公文就是写思路，也是写逻辑，有逻辑的文章才能让人一眼就看懂。抛出渔网只是走出的第一步，接着开始进入等待守候和酝酿研判阶段。这个阶段是围绕目标思维综合运用因果联想、归纳演绎和逆向论证等思维方式思考和决策的过程，有了决策就开始拉动网纲收拢渔网，这就是聚合思维也是聚焦思维。聚合思维与发散思维相对应，是把广阔的思路聚集成一个焦点，是一种有方向、有范围、有条理的收敛性思维。聚合思维也是从不同来源、不同材料、不同层次探求出一个正确答案的思维方法。这种放收结合、发散与聚焦对应结合的思维方法，能够打破已有认知局限让人脑洞大开，并伴随着固有思维定式的改变，赢得全新的认知空间。写作之难和写作之苦，对应着洞察发现的新大陆，这是唯有写作者才会拥有的欣喜。

公文写作需要全程贯穿和使用抛网打鱼法。从进入写作状态到最终完成文稿，一般要经历搜集资料、酝酿思路、构思立意、布局谋篇、文字起草、润色收尾和论证完善七个主要环节。每个环节都会遇见脑洞空白的无助煎熬，或是找不到所需观点和材料走进盲区和死胡同，或是面对满桌子材料理不出归属头绪不知如何下手。怎样写出立意鲜明、主题突出、逻辑紧凑、条理细分、经纬交织的文章，抛网打鱼法是能够解决这些问题的思维工具和利器。要从搜集资料和酝酿思路开始，全程运用发散和聚焦两种思维不断交替轮回，通过放收张弛的方法拉开思维空间和思考时间，由此产生距离，用时间和空间距离创造回旋和斡旋场地，通过不断发散和聚焦形成概念、定义和假设推理，以此捕捉内容锁定目标进行概念化，通过概念和搜索到的"联系"不断放大和拓展，从而捕捞收获更多的意外和惊喜。这种收放轮回思维就是主观与客观不断切换的思维，也是由点到面和由放到收让思维不断聚焦、主观和客观交替论证的锤炼思维过程。

抛网打鱼是以主题作为基础、围绕着目标导向展开的思维收放方法，是以逻辑思维和数理思维为手段的完整思维活动。逻辑思维和数理思维都属于理性抽象思维。数理思维的特点是能够精准找出点位做出量化，把复杂多变的客观动态事物捕捉进大脑定格，作出明确的目标锁定和边界切割形成概念，为决策和行动提供量化的事实。逻辑思维的特点是找到关系和关联作出因果链接，找出事物发展变化的内在构成方式。抛网打鱼是通过展开联想搜索关联和灵感，而且抛出的这张网越远、覆盖的面越大，思维的张力就越大视野就越开阔，立意和布局谋篇就会站高望远，也就越有宏观气势。运用这种手法能够把历史脉络、政策种类、文献资料、各地样本、关联要素尽收囊中，既可解决素材来源单一容易就事论事简单乏味问题，增加了信息容量和纵深回旋余地，又能走出局限和片面让内容丰富多样起来，行文会更显荡气回肠，提高说服力和操作性。

如果说抛网是发散思维用于打基础找底色的话，那么收网则是聚焦思维收获成果。把发散思维得到的收获，通过概念固化和逻辑关系化，由此形成的判断和语句论断，构成层级单元和文稿基础，按照结构脉络不断向预期方向推进，这就是公文写作的思维历程。这里要强调说明的是，发散思维不同于跳跃性形象思维，也不同于意识流式随性思维，而是始终围绕目标和预期展开，是建立在目标思维前提下的思维活动。发散思维要通过聚焦思维跟进和固化才有价值，而聚焦能力取决于建立心智模型中的政策理论和知识储备、逻辑数理加法理三种思维、语言驾驭和组织能力这三方面的个体潜质和掌控力。公文写作是从形象思维想象出发展开联想，落脚到抽象思维作出理性总结概括的两种融合思维活动，带有部门和工作特点以及个体差异特征。很多写作者之所以视野和思路拓展不开，原因在于思维方式上有局限性，加上建立的心智模型约束，导致渔网或抛撒不远、或收拢不回来。

二、结构路线

世界上万事万物都是由部分组成的整体，都离不开部分和整体这两个概念，"结构"所关注的就是整体与部分的关系。结构化思维是一种能够帮助我们将复杂的信息进行归类、整合和逻辑分析的思考方式，是让一大堆杂乱无章的信息变得有条理。结构思维的路线图是先看整体图纸，然后一步步按照指引组装，借助思维框架将碎片化的信息进行系统化分类。与按照一定顺序思考的线性思维和从多个角度思考的立体思维不同，结构化思维更注重信息的层次和关系，它可以提高我们的思考能力和沟通效果，帮助我们简化复杂的问题，能够更全面地思考问题。结构路线的四大原则是结论先行、分类清楚、排序逻辑、上下对应，纵向是内涵构成角度，横向是外延关联角度，纵横结合打造出构件和部件。

公文写作是按照写作提纲这张整体设计施工图，用积木原理把构件组装起来积累出层次和段落最终完成的。行进路线是不断把概念化的词句累积成表意的语句，然后纵向拓展链接出认知递进的段落，若干段横向延伸构成章节，再由章节继续关联完成篇章。结构化思维有很多表现形式，其中最为经典的就是金字塔结构。这种结构可以帮助我们从无序到有序地进行思考，实现"先总后分"的立体化分析方式。语言是思维活动的结果，思维最终要落脚到语言的表达和呈现上。公文是以叙述和议论作为主要语言表达方式。"叙述"一般分为概括叙述、具体叙述两种表现手法，一个是总体概括，一个是具体展开。"议论"则包括直接议论和间接议论两种形式，一个是作者从见证人感同身受角度直接阐明观点，另一个是借用领导人讲话或文件内容或当事人语言间接阐明观点。除此之外，公文还涉及使用说明性和描写性语言，虽然不是主要语言表达手段，但也会触及和应用。说明性语言主要用于叙述过程中的介绍和解说，分为定义说明、注释说明、比较说明和引用说明，而描写和抒情主要用于叙述前铺垫与结束时召唤。

公文选取叙述和议论作为最基本的写作手法，是按照传播学编码与解码二者同频才能共振原理，考虑社会公众的解码同频作出的选择。基础教育小学和初中阶段的作文都是从写记叙文练习开始的，随着年龄和认识的积累，进入高中阶段开始重点练习写议论文。公文写作选取了叙述与议论结合作为最基本手段，夹叙夹议和叙议结合是公文结构化构件单元。"叙"和"议"之间有着内在联系，是一个问题的两种表述和两面呈现。"叙"是铺垫和"画龙"，要花费笔墨具体详尽，侧重于对事物本身的客观介绍和说明，而"议"是提炼升华和"点睛"，要凝练传神，通常是依据政策和理论从评判角度表达思想和主张，二者结合一体就是叙议结合和夹叙夹议。通常情况下公文中的层次作为结构化基础单元，一般通过论点与论据的结合构成叙议结合。到了段落就要运用夹叙夹议，通常体现在标题做论点、若干层次构成的内容做论据，段落之间形成的议论过渡构成夹叙夹议结构化链接。继续扩大到部分除了标题可以做论点、若干段落做论据外，还可以在开始段或收尾段安排一个段落集中展开议论和观点升华。

公文写作是按照结构路线围绕主题和框架行进，拆分后的结构是把事物的核心要素"联系"到语词进行概念化作为点，通过找到概念之间的"联系"形成语句作为线，再通过语句之间的"联系"形成段落作为面，用"树状结构"和金字塔形态构建积累起来的。具体技术处理上要把握好叙议之间的内在关联。如果"叙"笔不到位或者过于冗长，"论"笔就会显得苍白空泛或者被淹没，如果"叙"笔恰到好处"论"笔不到位，就会因缺少升华量变就不能完成质变，叙议结合不紧密或是出现多体裁、多主题、多中心混搭，就会造成重复混乱，这是公文的大忌。要注意同一概念不能在同一句子、相邻和相近的句子中连续出现，同一词汇不能在同一句子中连续出现，每个段落层次不能太多，每个部分段落不能太多，要确保内容聚焦和主题集中，掌控好叙议结合尺度，做到叙要简洁完整，议要水到渠成和画龙点睛，叙议结合要以内在逻辑关联渐次展开。

三、拿来主义

公文随着社会的发展变化越来越多地具有公共政策学属性，包括发展规划、行动计划、管理规则、制度规章等社会治理内容。由于公共政策指向社会中生命个体的生存、生活和发展，所要解决发展和民生问题涉及社会生活方方面面，公共政策具有生命价值，不是哪个单纯的学科所能独担的，心智模型需要建立公共思维意识，综合运用哲学、政治学、行政学、管理学、心理学、社会学、法学、经济学、系统科学、数学等多种社会科学、人文科学和自然科学知识，给公文写作提出了更多的兼容难度和专业挑战。

党政机关公文处理工作包括拟制、核发、登记、印制、办理和管理等完整的工作运行链，公文和机关文字工作会涉及每个岗位和每个工作人员，而且还设有专门的部门和岗位负责文字工作。《条例》第七条明确规定："各级党政机关办公厅（室）主管本机关的公文处理工作，并对下级机关的公文处理工作进行业务指导和督促检查。"除了办公部门具体负责公文处理工作，党政机关还设有政策研究或政策法规部门承担主要文稿的拟制，即使文稿的基础是来自业务主管部门，也往往要办公或政研部门把关作出规范化处理，办公或政研部门设置专门从事文字工作的岗位，做的是领导派单过来的"命题作文"。由于专职文字工作岗位工作人员对有些情况了解和掌握，而有些就不了解不掌握，依据专业知识建立的心智模型，需要不断根据工作需要引进新框架，始终都会面临着专业知识和岗位有限，而面对的工作任务所涉及的专业领域和社会实践无限的问题，这给公文写作之难增多了一层特别的难处。

机关工作的特点始终是围绕着"人"展开的，有了人才会有"事"，也就跟历史过往和外部世界有了纵横关联和逻辑关系，开展工作必须要以了解情况知彼知己为前提。除了工作上要了解政策来龙去脉和当下情况与未来趋势，还要了解人头和岗位分工与工作职责。无论是领导作决策还是工作人员开展具体工作，都离不开了解和掌握情况作为基础。公文开头段通常是以依据和目的开篇，接着安排一段面临状况或者对前期工作做总结性论断做铺垫，这就是在确定开展工作的基础和起点，自然要以了解掌握情况为前提才能作出论断，同样接下来部署任务这块还是要以了解掌握情况为基础和前提，包括了解上情和下情、组织领导和工作对象、发展沿革和未来趋势、目标诉求和制约因素、工作方式和资源保障等，只有了解掌握了这些情况才能制定出切实可行的工作措施，否则就失去针对性，陷入盲目、造成损失甚至灾难，也背离了机关工作宗旨和工作原则。

公文写作之难不仅难在要花时间和精力了解和掌握情况上，还要把了解和掌握的情况作出有条理的清楚表达。实际上了解和掌握情况的过程，就是调查研究搜集准备材料和构思立意的过程，也是熟悉人头依靠领导和团队力量获取材料资源的过程，要借助机关内部印发的文件资料、各种会议、请示汇报、座谈讨论等机关工作机制，以及专题调研、督促检查、领导指导、外出考察等机关工作形式，建立开放性工作渠道和联系网络，用统战联合思维把所需资源用"拿来主义"方法切换框架完善心智模型。只有建立起信息和资料来源渠道，完成备课准备这个过程，才能转入列提纲开始写作阶段。"拿来主义"方法不仅是补己之短、解决材料来源的主要手段，也是建立"关系"和借助"关系"借力增智、历练善于协作配合的团队精神、提高自己能力和本领的有效方法，这也是机关工作具有团队合作和部门协同的特点决定的。

公文写作不是简单的作文，不是封闭孤立就可以完成的。写作背后是依托在体制和机制这条工作线上，是职务行为和履职角色，绝不能心胸狭隘文人气。写公文就是写工作和干工作，只有善于合作共事才能"拿来"为我所用，这个过程也是完成外行变内行、"小白"变"专家"的过程。要先背书备课找到相关文件资料做到心中有数有方向感，然后对不熟悉的情况和短板问题要按图索骥借力借智，学会依靠和取得领导与团队的支持。领导既是工作的主管也是团队的主心骨，要多请示多汇报多征求领导意见。团队是同事要学会尊重和依靠取长补短形成合力，还要善于依靠业务部门提供基础资料，甚至捆绑一起合作完成。除此之外，上级机关和下级机关以及外地外系统同行是同盟军，要主动建立合作网络畅通联系渠道，克服门户之见和文人相轻恶习，争取更广泛的外部资源和支持力量，自觉把体制资源应用到写作过程之中。公文写作是反复训练对全局的认知和驾驭能力、知己知彼的研判决策能力、合作共事凝心聚力的组织领导能力，是在模拟和锤炼怎样做领导，只有具备了领导能力写出的公文才能代表部门意志。

四、数字为据

随着信息化和大数据时代的来临，数字运用在日常生活和公文中的作用日益重要。结构路线是以数字为依据，用严谨逻辑推演建立结构单元，判断和运用数字至关重要。虽然数字只是量化单位，本身并不能表达任何含义，只有与逻辑结合在一起数字才有了表意特征真正"说话"。数字说话作为结构化思维的实践核心，涵盖了数字及相关的逻辑。数据分析不只加深了人们对世界的理解，也让人目睹了万物数据化的商业价值。数据化的普及既要求具备使用数据的能力，如基础统计和数据分析能力，也要求对数据的特色和应用以及局限有更深入的驾驭。数字尽管是以客观量化面目出现的，但数字的产生、筛选和解读是可以人为干预的。当运用数字说话论证的时候，必须判断论证数字的来源渠道和真实性，不仅要有数字可以造假的意识，还有防止以偏概全和有选择的提供作出误导现象。

数字是不可或缺、具有独特功能和价值的重要元素，机关工作和公文离不开数字，数字也是机关工作能力和形象以及作风和诚信的体现。由于数字是以客观存在形式呈现的，数字加入逻辑被赋予内容，连带着定义、公式和定理推演规律，能够用量变精准地体现和反映事物发展的数量和结构。当数字被赋予内容应用转化为数据时，数字就成为论据和理由，数字里面就有了政治、也有了人心，既包含着成败业绩，也包含着问题和未来发展趋势。使用数字一定要考虑数字具有敏感性和蕴含其中的功利性。前些年有些地方出现数字造假严重问题，甚至公开开展专项整治纠偏挤出水分，造假背后就是因为数字是工作成绩和劳动成果与贡献的体现，具有上级部门对工作考核评价和所在地域人心向背作用。数字具有客观性，但当数字用于话术时就转化为数据，成为证据和论据。数字不敏感但数据很敏感也很功利，让数字说话运用于数据分析和说明论证，要专业化和慎之又慎。

数字作为量化指标经常用于各种场景被定义，公文中最常用的是使用数字作分析比较，要注意数字运用的可比性原则。可比性原则也称统一性原则，是以一致性原则为前提，以客观性原则为基础，同一事物或地区不同时期有可比性、不同事物或不同地区的相同期间有可比性。可比性要以口径和时点一致做前提。口径主要是指统计方式和范围，时点指客观物质运动的两个不同状态之间所经历的时间点。对两种事物或者两地情况用数字作比较时，要时间节点相同一致不能错时比较，而同一事物或相同地域用数字作比较时，要口径一致相同时间节点差异错位对比，一般用同比或环比两种方式进行。同比是指在相邻时段中的某一相同时间或阶段点进行平行关系比较，环比是指相邻时段头与尾的循环对比。可比性原则是数字运用的前提条件，绝不能移花接木无边界简单生硬对比，那就失去了比较的意义和价值，也就没有了可信性。

公文中数据的采集和运用一般首选统计部门提供的数字，统计部门是国家法定专业统计和认定机构，具有法定权威性。国家治理是通过条块结合的管理体制施政的，各地作为相对独立的地域板块，与各部门根据职责分工垂直管理的系统板块，构成多纵多横的全覆盖纵横交织网组合成国家治理板块。统计部门的数据来源是依据条线对口部门汇总呈报上来的数据，加地域综合汇总呈报上来的数据，对这两组数据要考虑条块结合出现的部位交叉重叠因素，以及产业组织内部相互关联等因素，在作出合理界定和综合平衡认定后才能公布，统计部门公布的数据因此具有法定权威性。但是，统计部门的数据是立足普适性和通用性分类设置的，建立的数据库有相对定型的专业门类细分目录，是综合考虑各条线状况和关联要素作出的体系化和结构化规范，不可能事无巨细涵盖所有细部内容，加上统计部门对各地和各条线报送的数据有个时间认定过程，这就决定了来自统计部门的权威数据，不可能满足指导和推动工作所需的个性化和时效性要求，这样就有了部门为开展工作建立的台账数据作为补充。

地方和部门根据需要建立的工作台账主要用于推动和指导工作，往往是根据统计学原理为便于指导和评价工作设计的。虽然工作台账不具有法定性和权威性，但却有及时适用和更加专业的特点，可以满足工作需要具有个性化特征，而且也涵盖着提供给统计部门作为法定数据的内容，因此经常被用于内部研判和指导工作类的公文中。部门建立的工作台账既具有稳定性也具有灵活性，有时根据发展要求和临时工作内容需要仍然不能涵盖的，往往采用调查抽样或问卷等更加灵活方式作补充，虽然不具有法定权威性，但可以是个案出现作为例证和研判依据。本书例文中的数据根据当时起草条件和工作需要，分别来自统计数据、部门和企业台账、调查抽样和问卷三个渠道，是围绕指导和推进工作选择的。

第六讲 公文写作的场景和语言

　　公文是围绕工作需要制发的工作用文，是与承担职责、隶属关系、权责边界紧密联系在一起的，有着很鲜明的目的性、针对性和功利性特点。不同的对象、场合、环境条件和目标诉求，需要采用不同角度运用不同文体和语言表达方式，具有因时因地因对象不同而不同的个性化量身定制特点，以及一次性使用的工艺制作属性。"一事一文"原则，意味着一篇公文很难会有多场合反复使用的可能，即使有也要根据时间和对象的变化，更新素材调整文字转换语气，角色关系和面对的场景决定写作技法。本讲从写作主体应遵循的行文边界、场景融入、角色属性和文脉通畅角度，阐述公文写作应当关注和把握的外部性约束，让公文更加精准鲜活生动起来。

一、围海造田

公文写作首先要明确面对的对象和应用场景，严格按照地域和职责分工遵从权责对等原则，在限定的职责边界和管辖范围内作文发文。《党政机关公文处理工作条例》要求，行政公文要严格遵循行文规则，严禁越级发文和超范围越边界发文。行文规则也是工作规则和工作规矩，行文关系就是工作关系和工作路线，里面包含着职责边界、层级分工和管理制度与运行机制。公文制发前首先要根据目的和诉求确定行文路线，行文关系不同，选材、角度和口气也相应不同。明确了行文路线后要用"围海造田"方式，就像在海滩和浅海上建造围堤阻隔海水构筑围栏边界一样。围栏就是规则线和边界线，也是规则和秩序框架。有了框架就可以根据行文路线确定主题和立意，然后布局谋篇设计写作提纲，依据写作提纲确定的施工图制作场景图，开始选取材料、确定论点、组织语言，进行结构化构件制造和积木搭建推进，也就是开始动笔起草和进入正式写作阶段。

这种方法建立起的思维框架不仅可以锁定内涵与外延，也是聚焦主题防止疏忽遗漏、强化针对性和严谨性的重要方法。行文规则规定的一事一文和一发一收关系，就是两者职责分工和角色定位的对应关系。相互之间有关系就有了"联系"，要按照行文路线选择角度和内容，围绕各自的职责和权限确定说话口气和尺度，强调针对性、边界感和实际效果。上行文要多用说明性语言陈述事实表达观点想法，尽可能少讲或不讲理论和道理，即使讲也要从体会和感悟角度有节制地点到为止，切不可长篇大论喧宾夺主浪费资源和有效时间。下行文可以根据需要从理论和认识上阐释"为什么要做"，目的是提高认识、更好地统一思想做好工作。平行文要多用说明性和协商性语言表达。泛行文要用客观理性公众易于接受的说明性语言表述，需要有感情色彩也要适度和入情入理。

公文因事成文和因事行文，是围绕履行职责、开展公务活动制作的，具有公共性，需要建立公共思维。因事成文总有前因和后果，总会与相关事项发生联系，锁定"事"项也需要用"围海造田"的方法。要把事情的来龙去脉搞清楚，把事情的发展变化趋势和行政干预的意义价值考虑清楚，还要把可能取得的成果和存在的风险隐患，以及由此可能引发的多米诺骨牌效应和蝴蝶效应论证清楚，一件事串联起过去、现在和将来三个时态。围绕行政公文要有事务公文和公务活动做铺垫，道理是因为行政公文具有法定的对社会约束和调控属性。包括发布前拟制阶段的调查报告、课题研究、咨询论证等事务公文，以及各种座谈讨论、意见征集、协商协调等会务活动，还有发布后围绕推动实施和执行开展的部署动员会、大检查、大督查、评比表彰和通报批评等公务活动，及时跟进和掌握落实中遇到的情况和问题，都是为行政公文严谨和审慎安排的工作程序。围绕公文确定的"事"要展开前后有序衔接的一系列公务活动，哪一项活动都会牵涉到"围海造田"方法，始终都要掌控职责边界和政策尺度。牵涉到需要跨界和越界的要请示上级领导机关批准，或经过协商取得部门支持协助联合行文和联合行动，或是由领导机关牵头发文和组织相关部门共同推动。牵涉到执行中出现超出边界预期问题的，要及时作出完善和补充，问题比较严重的甚至要叫停终止或废除。

二、换位思考

调查研究作为党政机关开展工作的重要方法，是知己知彼、强化工作针对性和提高工作效率的传家宝。调查研究的过程包含了换位思考的方法，这种方法是借助调研对象的力量来对自己的认知进行补充和校正，只有建立在正确的观点和方法以及工作基础上，写出的公文才能够经得起推敲，才会顺利通过各环节的审核并转入发布实施指导实践。否则，即使发布出来也会在执行环节引发麻烦带来混乱。公文写作不仅不能关起门来闭门造车，而且要用调查研究的方法、换位思考的方法，这是机关工作属性和特点决定的。真实、客观、公正、有效，始终是党政机关开展工作的准则，也是公文写作要遵循的准则。突破认知局限，除了依靠团队协作力量，关键还要掌握科学有效的方法，掌握和驾驭复杂多变的现实需要用方法论开展工作，换位思考就是反向论证拓展认知的有效方法。

公文写作运用换位思考的方法，不只是自然人向职务人角色身份转换的有效方法，而是站位和立场观点与方法的转变的有效方法。换位思考对公文写作而言特别重要，可以说是进入履职角色开展工作的重要方法。这里所指的不只是理解和体谅层面的价值，而是通过换位思考的方法实现应用场景的切换，也是引入新的思维框架和完善心智模型，走出自身局限回归理性与客观，用思考和想象借助逻辑的力量，推断更多的复杂和不确定因素，以及更多的未知和可能，让公文更严谨也更有现实指导价值，换位思考具有认识论和方法论属性。这种方法也是把法理思维具有的反思性、规范性、实践性、整合性等鲜明特征用于公文写作中，是与公共思维结合从岗位角色出发，眼中有人文中见事，既要考虑到正向因素也要考虑到反向因素，是把主观与客观、动机与效果、想法与办法结合统一的方法，目的是确保制订的计划方案具有严谨性和可行性，以实现预期目标不偏离。

行政公文的应用场景很清晰，主要是四条行文路线，而事务公文应用场景要更为多样复杂一些。由于事务公文是服务于行政公文运行的，行文路线绝大多数是面向机关决策者和系统内部使用，是围绕着公文制发谋划工作和公文发布后部署推进落实展开的，虽然也有少量用于宣传推介和社会动员，但围绕公文的诞生和解读制作的事务公文涉猎面却很广，而且信息容量也大，应用场景相对要更加复杂一些。特别是写作会议类和礼仪交往类公文，更离不开换位思考的方法。要充分考虑发言者的角色和面对的场景这两方面变量，用换位思考的方法确定立意和布局谋篇。发言者角色要定位在职务角色加个人风格，场景因素要考虑到活动的主题、程序和角色任务，以及面对的对象和环境条件。要在充分考虑这两方面因素的基础上，通过角色身份切换凭借想象设定把自己融进去，从中把握使用对象应该阐明的观点和思想，以此展开构思立意谋篇布局、选择材料和组织语言，有针对性融入个性特点和情感元素，突出活动影响和实际效果。

公文写作与文学创作和论文的写作差异，除了前面提到的公文与私文的本质不同外，还体现在写作者角色感的差异上。文学创作和论文写作基本是"吾手写吾口"，作品强调的就是要具有鲜明的个性和独创性，而公文写作强调的却是公正性和客观性，要把个体身份转换成岗位职务角色，把个性和主观性让位给理性和客观性。要清醒认识到自然身份与岗位职务身份二者的不可分割性，即使是自然人身份出现，背后也隐含着职务因素，公职人员的言行要有强烈的公共思维和法治思维意识，凡涉及与职务角色相关的社会公共话题，切不可两种身份迷糊和随意切换，要始终牢记双重身份特征，否则将会引来麻烦和质疑。

这里特别介绍座谈会发言材料的尺度把握问题。座谈会一般是领导组织召开的听取下属人员意见和建议的会议，发言材料要按照上行文规则，选取简单明了的说明性语言，既要观点鲜明还要论据充分，切不可展开无节制堆积叙述，更不能过多使用议论和评论性论述语言。要用夹叙夹议手法多用概念化定性语言，多用换位思考和客户心态，依据倾听对象的关注点和兴奋点，以及时间和场景选择表达角度、内容、语气和篇幅长短，始终牢记把表达效果与倾听者的认同和共鸣作为考量要素，不能简单地从单向出发忽视效果和后果，切忌像教书先生一样秀知识显见识说教指导。很多人在座谈会上面对领导发言和求计问策时，单纯地以为要抓住机会表现自己就内容多多益善，却忽视了给领导留下的印象和感受，实际上领导听的是发言而现场目测的是发言者的能力，既有对工作的认知段位考量，更有对规矩和规则以及局面掌控能力的领会把握，切不可随性一吐为快。言行要有节制不仅是公文要有场景意识，也是公职人员的最基本素养。

三、线性文字

人类最基本的思维方式,主要有究根思维、发散思维、线性思维和辩证思维。究根思维是把一个事物分成若干部分找出其中最关键部分,发散思维是由一个事物出发找出与之联系的各个事物,线性思维是由一个事物经过演变而发展成另外一个事物,辩证思维是对于一个事物的两个对立面找出其平衡点。线性(linear)和对应的非线性(non-linear)这两个概念,在数学、物理学和工程等领域经常会遇到,它们是用来描述变量之间关系的重要工具。线性意味着清晰,而非线性才更接近真理。线性思维是把认识抽象为片面、直线、直观、直接的思维方式,是捉到了一个点顺着这条线,沿着一定的线型或类线型轨迹,寻求解决问题方案的静态思维,主要特点是从前往后、从因果关系出发,按照顺序逻辑进行推理和表达,强调逻辑性、顺序性和连贯性,使思维过程更加清晰明确,有助于解决简单直接有规律的问题。非线性思维是指一切不属于线性思维的思维类型,是相互连接的非平面、立体化、无中心、无边缘的网状结构,在时间和空间上是跳跃穿梭的,类似人的大脑神经和血管组织,系统思维、模糊思维都属于非线性思维。

无论是文学创作还是公文写作,说到底都是以叙事为中心的生活再现和还原,都要面对非线性社会发展变化的动态多元结构,选择切合人类最基本的思维方式,用静态的线性结构按照逻辑化切割分层展开叙事和串联。线性结构和逻辑结构是叙事中常见的两种方式。线性结构是按照自然发展规律或认识事物的逻辑顺序,将内容、脉络关系、结构等通过时间的发展完成彼此之间的关系顺序,让碎片组建成为一个完整的整体,满足"重现"的顺序感和心理需求。亚里士多德在《诗学》中曾提到过关于"叙事完整性"问题:"所谓完整,指事有头,有身,有尾。"根据亚里士多德的说法,只要是一条线且前后有序都是"线性叙事",文学中的倒叙、插叙都算作"线性叙事",因为它们大体上遵循"一条线"原则，只不过是以"曲线"的形式表现的。逻辑结构与线性结构不同。逻辑结构更注重情节的逻辑性和多层次的叙事呈现，它以非时间线性方式，通过回溯、闪回、并列等手法来串联，突出多面性和复杂性。逻辑结构可以打破时间限制，穿梭于过去、现在和未来，通过跨时空的组织方式展示多个层面和可能性。逻辑结构适用于较为复杂的叙事。线性结构和逻辑结构各有特点，并非完全对立是相互渗透融合运用的，是以传达事件的情节和主题为目标，以便让决策者和阅读者能够理解和接受。

非线性与线性有联系又有本质区别，常同时存在于一个系统中。公文写作就是从零维的点状思维上升到线性思维，把不同的事情能够像一条线串联起来，发现不同领域的共性，而且彼此关联相互连接，将非线性客观存在用线性方式呈现，最常用的方法就是寻找非线性结构中的内在逻辑和相互关联。逻辑思维是典型的线性思维，是运用演绎法和归纳法，由因推导出果和再由果寻到因，通过由一般推导出特殊和从现象发现本质，得出共同信服的结论。本书前言中提到的史蒂芬·平克所说的"写作之难"，就是面对错综复杂的非线性动态碎片化事物，第一步要捕捉到"网状的思想"进行定格和固化，第二步通过"树状结构"做出结构化和类型化定型设计，然后通过第三步"用线性的文字展开"做出叙事和表达呈现，只有找出三者之间逻辑关系脉络，才能做出符合人类最基本思维方式和认知习惯的叙事。"写作之难"就难在三步走是一个环环相扣的内在整体，是线性与非线性之间的转换和融合，逻辑只是思维方式和技术手法，而背后连带的知识识别与运用才是关键，当然逻辑也是知识的一部分，这里只是从侧重点和方法论角度做出的拆分，这里的知识主要是指非线性所涉及的相关专业性知识。

掌握了线性与非线性原理以及相互之间的关联与转化，也就清楚了"用线性的文字展开"所承载的功能和作用，也就是公文语言的基本句式结构和组合特征。公文的语言与所有的文章一样，都是由字词到句子然后是层次和段落，按照这样的结构依次积累式行进的，由词到句有明确的语法结构规范和约束，而从一个句子延伸到下一个句子，就要按照时间线和逻辑关联脉络呈线性平行方向发展，其中可以是直线也可以是曲线，直线变曲线要有相应的词语转承才可以，沿着这样的内在逻辑脉络不断延伸发展，就完成了由层次到段落再到章节的构造，整个思维活动呈现出线性起伏行进状态，宛如音乐之声是由音符到音区再到乐章，按照张弛有度高低旋律行云流水般行进的，由此贯通内在情感与血脉关联，凭借文字表现出来的气流和底气一气呵成。好的文章一定会有血脉和气息带着韵律在起伏流动，公文的能量来自于精气神三者兼备。"精"是指文稿要干练不能拖泥带水，有思想有境界有知识点不臃肿，"气"是居高声远有气势和底气，文脉要流畅有节奏能够让人赏心悦目，"神"是指有打动人的意境和精神力量，要有文采、文眼、金句和得体的修饰手法。古往今来公文始终都在面向生动的社会实践，包含着信仰追求、情感爱憎、灵魂血肉、江山社稷和人间烟火，有着普度众生的内在思想高贵和音乐般的旋律节奏，要善用乐感旋律收放自如和贯通文脉，达到这样境界的文字就有能够打动和唤醒人的感染力量。公文最忌讳语言跳跃和词不达意，以及知识点和逻辑推理出错，还有拖沓冗长和啰嗦不直接，那就会破坏事物有机构成的逻辑，打乱人的基本思维和认知习惯。感觉不顺畅不紧凑不协调和不舒服，肯定是血脉不通有堵点障碍，不是句子表达有问题出现不和谐音，就是内容归类逻辑关系出了问题有杂音，要把问题找出来修改调整这就是推敲和润色。公文是建立对客观事物的真实研判为基础，为推进工作和发展变化服务的应用文体，要始终牢记用线性叙事应对非线性客观存在，决不能用非线性思维搞乱线性叙事。很多公文写作者之所以语言不得要领，出现材料堆积和语言跳跃等现象，问题就出在没有按照线性脉络来有序组织语言上，非线性思维要转换成线性语言才有叙事价值。

四、哲学立面

李瑞环同志在《学哲学用哲学》一书中指出，哲学是"明白学"，许多事情只有学了哲学才能真正明白；哲学是"智慧学"，学了哲学可以使人变聪明，脑子活、眼睛亮、办法多。对于国家机关公务员特别是公文写作者而言，哲学是头部和灵魂也是思想武器。因为哲学无所不包、涵括天下，有"科学之母"和"科学的科学"之称，最初所有的学科都归属在哲学麾下，只是随着知识的扩展才渐渐从哲学中分离出来。

公文写作是应用写作学科体系中一个极具分量的分支，在实际工作及生活中发挥着其他文体不可替代的作用，具有规范的模式化的思维特点，而这种模式化的思维特点缘于最深刻的哲学思维。马克思主义哲学是一套"经典"的社会学理论，也是认识世界的方法论和思想武器。公文写作首先要掌握马克思主义哲学提高思辨能力，练就看问题客观理性要一分为二不片面、认识和分析归纳要客观准确切中要害、解决问题要善用矛盾的方法找出规律，既有对全局的把控，又有辩证的分析，还具有发展的眼光，这样提出的对策措施才能够符合实际有可持续性。哲学思维是写作思维的重要组成部分，它直接影响着写作内容的辩证性与实践性。哲学有三大基本问题即哲学三问：我是谁？我从哪里来？我往哪里去？公文写作蕴含着最古老最永恒的哲学发问，首先要问自己"为什么"，即明确公文写作的目的和意图，更好地把握主旨和重点，其次要问自己"写什么"，确定公文写作的素材和内容，根据实际情况和需要进行客观表述，最后要问自己"怎么写"，确定公文写作的技术和方法。写材料要把自己化身为领导者和决策人，站在全局高度来观察、思考与分析问题，从哲学中寻求写作的方法与答案，否则认识和处理问题就容易有失偏颇、造成写作和工作上的被动。

公文的逻辑性更多地体现在写作思路上，讲究逻辑就是指使用概念和判断进行推理时要有逻辑性。公文的逻辑性首先要观点与材料统一。面对杂乱无章的材料只有运用逻辑思维，才能理出头绪找到相互之间的关系，然后联系起来形成观点和看法。这个过程既是一个不断抽象和概括的过程，更是一个严密的逻辑思维的过程。观点来自对材料的深入研究，提炼观点一般有两种方法：一种是归纳法，就是从特殊到一般的推理方式，根据事物的相同点抽象出事物的本质特征。另一种是演绎法，就是从一般到特殊的推理方式，依靠抽象思维舍弃具体的表象抽取出事物的本质特征，一般采用"三段论"逻辑推理方式。运用归纳法和演绎法可以揭示事物的本质特征，形成精辟鲜明的观点，这也是公文写作能否成功的关键所在。内容的逻辑性可从类、因、果、法四个角度划分逻辑单元，分别对应"是什么""为什么""怎么样"和"怎么办"："类"就是性质和类别，指情况、现状和问题；"因"就是原因和缘由，指具体的原因和做法；"果"就是结果和效能，指所取得的成绩和所得到的收获；"法"就是方法和路径，指所采取的措施和办法等。先后顺序上体现逻辑性一般有两种方式：一种是按时间排序，按照工作进展的过程进行排序，体现出时间上的逻辑性和严谨性。另一种是按意义排序，按照轻重缓急把最重要的内容放在第一段，次重要的内容放在第二段，其他的依次排列。两种方式不管采用哪种排序，关键是各部分内容之间要具有一定的逻辑关系。

公文不仅是"文字"的艺术，同样也是"数字"的艺术。公文写作不是简单的文字工作，光有文字功底还不够，还要懂得和运用数学原理与数学思想方法。数学为公文写作提供了方法论和科学的精神，需要运用的数学原理包括分析原理、综合原理、归纳原理、演绎原理、比较原理、抽象原理、列举原理、计算原理、类比原理等，数学思想方法包括假设、反证、分类、化归、转化、数形结合、数学模型等。还要懂得和运用哲学"二级学科"分支科技哲学中的政治哲学、法哲学、管理哲学等相应学科知识，以及面向公众肩负社会治理属性所衍生出的公共思维和法理思维、社会组织动员能力所需要的管理学和领导科学等等，这里不做语言借鉴与应用角度上的展开阐述。公文所涉及的这些自然科学和社会科学知识，就像《三国演义》所言"话说天下大势，分久必合，合久必分"那样，是面向大千世界的公文把无所不包、涵括天下素有"科学之母"尊称的哲学，溯源到距今两千多年前柏拉图提出"哲学王"治国的思想，公文就是要运用人类一切文明成果转化为社会实践，用治理效能推进社会的发展和进步。

第七讲 例文解析

　　《党政机关公文处理工作条例》明确的十五种行政公文，有固定的制式和行文规则以及严格的拟制要求，写作之难是有形的、明确的，也是有固定的程序与规则可以遵循和依托的。比较起来，事务公文写作不仅要用政策和发展的眼光认识和研判复杂的实践事务，而且要给出明确的决策建议，并酝酿制发行政公文跟进，是政策理解和应用能力、学以致用转化能力，以及领导和决策能力的现场实操检验。本书把事务公文分为四大类十五种，拟制时都会牵涉到结构、方法、场景等外部性变量影响，存在着鲜明的量身定制和个性化特点，因此就有了技术和方法的匹配与应对。本讲选取事务公文中最常用和难度最大的四类文体，从实际操作的角度作详细阐释，例文按一对一方式结合实操作实证解析。

一、领导讲话

领导讲话是领导以职务身份参加公务活动时发表言论、履行岗位职责和开展工作的常用方式,是基于公权力行使"话语权"的组织行为,主要用于汇报和部署指导工作、公务交流交往和宣介动员等会议与公开场合发表的言论。机关工作是与人打交道的社会管理服务性工作,说和写是机关开展工作的基本功。领导讲话具有解决问题、推动工作、展示领导影响力的说写合一特点,是公文写作最常见和变数最多的文体。要依据领导者角色和应用场景确定框架思维,把握领导者职务角色和职责边界、面对的对象和场合、会议的主题和任务,从上面要求讲什么、领导应该讲什么、下面希望听什么三个维度聚焦框架选题立意和设计结构。

写作领导讲话稿要站在领导和面对对象双方供需角度考虑现场效果。讲话稿种类按场景可以分为会议类、宣介类和礼仪类。如果是向上级汇报工作的会议场合,要注意抓住重点、言简意赅,做点题式说明和画龙点睛式叙事,让人有别开生面、眼前一亮的效果。如果是用于部署指导工作的会议场合,要采用讲道理、划重点和提要求三段式安排结构,既要说清楚为什么这样做,又要说清楚具体怎么做和要实现的目标效果,还要回答对遇到问题的认识和解决办法,以达到指导和推动工作的目的。由于是以上对下指导部署工作,要符合领导职务身份,通常选取有针对性的严谨论述和指示性语言行文。如果是用于宣介场合面对公众,要采用生动活泼、易于接受的说明性语言行文,尽可能简洁,不宜层次过多和长篇大论,为强化共鸣效果有代入感,可以穿插讲故事、运用典故和流行语等生动的表达元素植入其中。如果是礼仪类讲话要选用尊重谦和的语言表达方式,选取与对方之间的关联处和结合点组织材料,让对方易于接受认同和引发共鸣以增进共识。

对写作人员而言,领导讲话稿的写作之难,主要来自职务身份和信息不对等带来的"五难"。一是写出应有的思想性难。领导的职位和思想认识水平远高于写作者，这种悬殊的"高度差"决定了写作的被动性，要站到相应高度是件很困难的事。二是写出应有的准确性难。领导掌握全局和深层次情况的信息渠道远多于写作者，如果写作者在把握宏观、摸清微观、了解事实上下功夫不到位，写出的东西就做不到让领导满意。三是写出应有的操作性难。领导处理复杂问题的经验和办法远强于写作者，写作者必须在研究新情况、解决新的复杂疑难问题方面，有高人一筹的新办法才有可能被领导采纳。四是把握个性和共性的统一难。讲话稿从来没有统一固定的格式和要求，一个领导一种风格，而且一人讲话往往众人起草、多重把关审核，找到都很满意的平衡点比较难。五是以平常心对待撰稿难。领导往往是写作者的"顶头上司"，掌握着其成长进步的"生杀大权"，写作者很难放松心态勇于创新。

写领导讲话稿由难走向不难的简单适用方法，可以从领会意图、提炼思想观点和运用灵活语言三个方面建立框架思维。领会意图要清楚讲话背景、领导主旨、现场情景、应达目的；提炼思想观点要善于登高望远、辩证思维、推陈出新，布局行文要服从主题需要、务实要求和个性特点；运用灵活语言要做到准中见活、雅俗得体、言如其人。材料来源可以从"五头"检索按图索骥：一要"看上头"，把上情看准找到方向原则和依据；二要"摸下头"，把下情摸清更有针对性和接地气；三要"观外头"，就是了解外地和外面的世界拓展视野，找到参照系和借鉴处考虑更加全面；四要"找前头"，就是要熟悉过去和历史，搞清来龙去脉和所处方位，选准发力点增强说服力；五要"想后头"，就是要考虑后果和产生的影响，让提出的主张经得起检验有可持续性。写作时还要按照领导意图征求和尊重领导个人意见，充分考虑到领导的年龄特点、知识结构和表达习惯，不能生硬教条，要换位思考。

领导讲话稿尽管是在履职范围按职责分工以职务角色出现，但要更多地考虑树立领导权威和增添形象魅力。尽管领导者与写作人员是领导和被领导关系，但写作人员要从岗位职责和工作团队角度，沿着领导思路善于拾遗补阙和完善提升，在不违背领导意图前提下，本着实事求是精神纠偏纠错和补台,避免简单附和和无原则认同。要把严谨性和原则性放在第一位,做到政策、观点、引文、事例、数据五"不能错"和违规话、臆测话、片面话、冲动话、过头话五"不能讲",这也是写作人员对部门的维护和领导的爱护,也是工作职责所系。

例文解析

本篇例文《高起点确立城市定位,沿着方位标聚力奋进》,是一篇以市委主要领导署名的印发市委全会的工作报告,文体属于事务公文中的领导讲话类公文。全会是按照党章要求的一项重要内容,就是党组织主要负责人要代表常委会向全体委员报告年度工作,明确下一步任务和工作方向以及工作重点,以及加强组织建设和组织领导,也是党组织召开的规格最高和最有权威性的大会,工作报告的主题和主要任务是回答过去干了什么、接下来怎么干的问题,核心要阐述清楚工作中的亮点、难点、瓶颈问题,以及接下来的战略和策略、目标任务和重点任务,因此要站位鲜明、思路清晰、指向明确、简洁明了、符合实际可操作,让人有鲜明的方向感和辨识度。

领导讲话分为工作报告类和工作指示类两种。工作报告类由总结工作、部署任务和提出要求三个板块组成,工作指示类讲话由提高思想认识、强调工作重点和加强组织领导三个板块组成。二者的区分主要来自角色和职责的差异,前者是主要负责人报告工作,因此要求全面和具体,而后者是更高层级领导作指示提要求,不要求全面具体但要站高一步高屋建瓴。本文按照工作报告类领导讲话制式要求,总结部分用经验角度立题,因此报告完工作后没有专门安排一段经验和体会概括,直接转入对存在的主要问题说明。第二部分一般是先分析形势和外部环境条件变化,接着引出指导思想和指标计划,再把工作任务分板块部署。由于涉及"十五"计划分量很重,因此独立出来作为第二部分,把形势分析内容融入其中,借鉴工作指示类领导讲话从提高思想认识角度,不是解读印发会议讨论的计划建议内容，而是从面临形势和战略选择角度阐述做好这份计划的意义，阐述计划中亮点提出功能定位的原因和选择，这样处理报告的思想性更加鲜明。第三部分从"十五"开局角度部署年度工作，因年度工作还涉及省委提出的结构调整这项重点任务，因而这部分集中部署结构调整，结构调整之外的工作转入党的建设部分，从党的领导角度做关联性串联，这样处理不仅突出了重点内容，而且结构和篇幅也更为匀称合理，防止了畸轻畸重现象。由此可见，事务性公文虽然有固定制式和套路，却不能像运用数学公式一样简单套用了事，一切都要从工作目的和效果需要出发围绕工作展开，角色和场景决定写作技法。

全会报告是地方党委统揽全局和发挥领导作用的工作总布局和总动员，写法上要上连天线、下接地气，把握气势和底气突出引领作用。要确定有感召力的鲜明主题，使用落地有声的朴实语言展开叙事和说明，阐明观点和主张要有理有据，开头段要开宗明义说明主题和任务，收尾要画龙点睛有鼓舞和感召作用。这篇文稿是新世纪来临随着入世临近出现经营城市理念，各地开始谋划城市功能定位进入以城市为单元的竞争发展模式，以国有企业为中心环节的城市经济体制改革由此转段。本文借鉴各地做法提出把齐齐哈尔建设成为嫩江流域经济中心城市的发展目标和定位，立足突破行政局限抢占高端打造高地，带动区域城乡经济和社会发展。这一思路与全国发展大势是一致的，由此可以看出东北振兴的探索脚步从未停止，本文记录了这个时段的实践之举。

【例文1】

高起点确立城市定位，沿着方位标聚力奋进[①]

这次市委全体（扩大）会议是在新世纪来临的重要时点上召开的一次重要会议。会议的主要任务是深入贯彻党的十五大和十五届五中全会、中央经济工作会议和省委八届四次全会精神，全面总结2000年工作，研究讨论市委关于第十个五年计划的建议，部署2001年任务，坚定不移地实施市委确定的经济社会发展战略和工作总体思路，进一步组织动员全市共产党员和干部群众认清形势、明确任务、艰苦创业、奋力拼搏，努力开创经济和社会发展新局面。

一、即将过去的一年全市上下以加快发展为主题、抓住结构调整这条主线，集中力量开展经济社会发展和党的建设攻坚战，各项工作取得了新的全面发展和进步

2000年按照市委九届三次全会的部署，全市各级党组织和干部群众在市委领导下，坚持以经济结构战略性调整为主线，把深化改革作为摆脱困境、再造优势的根本措施，有效推动了经济和社会全面发展。其主要标志是：国民经济持续健康增长，国内生产总值预计按可比价格比上年增长5%，地方财政收入预计增长2%，一二三产业比重由30.6:31.1:38.3调整为27.9:31.9:40.2，固定资产投资预计同比增长28.1%。城镇居民人均可支配收入同比增长3%，农村人均纯收入与去年持平。各项社会事业有了新进展。

（一）在城市抓住三条线展开国有企业改革和发展攻坚战，工业经济质量和效益明显提高。第一条线是抓扶优扶强。围绕六大传统产业升级和

[①] 选自2000年12月6日组织起草完成的中共齐齐哈尔市委九届四次全委（扩大）会议报告，《齐齐哈尔日报》2000年12月14日1版摘发。

五大新兴产业发展，选择优势大企业、大集团进行改造升级和低成本扩张，列入国家级高新技术产业化示范工程的3个项目已经启动，企业集团已达39户，产值利税分别占全市规模以上工业企业的3/4和2/3，五大新兴产业发展态势良好，聚氯乙烯石油化工综合技术改造、纳米系列产品、医药工业园区等项目正在筹建改造中。第二条线是抓中小企业放开搞活。通过组建股份制企业、出售企业、完成兼并、破产终结，卸掉债务29亿元，产改面达71.7%。第三条线是抓扭亏脱困。通过向重点危困企业派驻工作队，集中力量综合整治，形成了脱困工作新机制。工业企业整体减亏85.7%，39户地方国有大中型亏损企业脱困率为82.1%，完成规定目标任务的133.3%。通过三条线推进，全市规模以上工业增加值、销售收入、利税，预计同比分别增长5.6%、6.8%和39.5%。

（二）在农村抓住三个关节点展开县域经济脱贫和发展攻坚战，农业和农村经济市场化进程明显加快。第一个关节点是突出发展绿色农业和特色农业。小麦、玉米、大豆、水稻、马铃薯等五大作物种植面积占播种面积的1/4，建成28个绿色食品生产基地，有6户企业9个品种获国家A级绿色食品标志使用权，有6个品种被省认证为无公害食品，绿色和特色作物种植面积分别占播种面积的16%和31%。第二个关节点是突出发展畜牧业和养殖业。全市奶牛、肉牛、羊、禽饲养量同比分别增长7.3%、14.4%、10.5%和14.3%。第三个关节点是突出农副产品精深加工和矿产资源深度开发。在巩固发展依安鹅经济、克山麻经济和讷河薯经济基础上，重点扶持了富华集团以玉米为原料的黄原胶和啤酒糖浆项目，以齐梅、光明为龙头的乳制品生产项目，启动龙江县30万吨玉米深加工项目，开发依安高岭土生产陶瓷项目，加快农业产业化和资源深度开发转化步伐。

（三）在基础设施建设上抓住城乡两点一条线展开大规模建设攻坚战，城乡基础设施相对落后的状况明显改善。累计投入20.36亿元对劳动湖进行清淤护岸和岸边开发，拓宽劳卫路和站前南大街，改造建设污水处理厂和垃圾处理厂，全市15.7万平方米中小学校舍、211万平方米住房项目相继投入使用。在农村投资13.18亿元对农民住房、村镇道路和自来水等进行改扩建，新建农民住宅182万平方米，翻建住宅70.2万平方米，农房砖瓦化率达到60.1%。在城乡之间以国道和省道建设为重点累计投资18.74亿元，碾北公路、齐甘公路、大齐公路、城市防洪、嫩江干流堤防和音河水库消险加固等工程相继启动开工。城乡基础设施和民宅建设总投资达到52.28亿元，形成了城乡一体多点布局规模投入局面。

（四）在激活经济手段上抓住三个着力点展开结构调整攻坚战，经济发展格局发生了明显改观。第一个着力点是大力发展第三产业。商贸流通业以实施产权制度改革为重点，通过调整资本结构、放开经营方式，运行质量和效益不断提高。旅游业围绕冰雪风光、生态湿地、民族风情等优势，加大软硬件开发力度，第三产业增加值预计同比增长11%。第二个着力点是培育民间资本吸纳外来资本。全市执行招商引资国内项目797项，引进资金到位同比增长88.5%，直接利用外资实际到位额同比增长4.8%。个体私营企业实现产值、销售收入、税金同比分别增长14.4%、9.6%和13%。第三个着力点是科技兴市。先后与东北农大签订市校共建协议产学研攻关项目102个，与省属三家农科院所在优良品种、栽培饲养技术和生物防治病虫害方面合作，与哈工大签订高新技术产业化合作协议，八个方面产学研攻关已有3个项目进入实质运作。

（五）在精神文明建设上抓住三个重点展开改善发展环境攻坚战，社会各项事业协调发展。第一个重点是大力加强精神文明建设。深入开展讲文明、树新风和丰富多彩的群众性精神文明创建活动，爱国主义、集体主义和社会主义教育活动不断深入，如期实现全国"双拥模范城"三连冠创建目标。第二个重点是改善发展环境。从五个方面入手，着力解决利益驱动、人为障碍和社会稳定问题，推广"一个窗口对外一条龙服务一站式办公"经验，开展"为经济建设服务、树行业新风"最佳最差单位评比活动，普遍实行了公示制和承诺制，废止文件80件、废除不合理收费170多项，制定出台22件400余项扶持措施。在全市城乡广泛开展"四帮扶"活动，推行"两控三定四结合"的管理办法减轻农民负担。不断加大社会保障制度改革力度。信访维稳、法制建设和社会治安综合治理取得新成果。第三个重点是全力发展社会各项事业。教育体制改革不断深入，成功举办了省第九届运动会，各条战线和各领域工作取得了新进展。

（六）在党的建设上抓住三个层面展开"伟大工程"攻坚战，为经济社会发展提供了强有力组织保障。第一个层面是以"三讲"教育为核心加强领导班子建设。圆满完成市县两级领导班子"三讲"教育，干部群众对加快发展的意识空前统一。第二个层面是加强基层党组织建设。农村基层组织建设以实施"654工程"为统领突出加强乡镇班子建设，对后进薄弱村开展领导班子集中整顿。企业党组织建设按照现代企业制度和"双向进入、交叉任职"要求，突出加强企业领导班子建设。机关街道社区基层党组织建设以开展多种形式的创建活动为内容，着力提升党的基层组织凝聚力和战斗力。第三个层面是加强干部队伍建设。先后三次拿出38个副县级领导岗位和222个正副科级干部岗位，通过公开选拔的方式大力启用优秀年轻干部，使县区党政领导班子平均年龄由年初的45.5岁下降至42.2岁，具有大学本科以上学历的由年初的55%上升至66.2%。在党风廉政建设上坚持以查处大要案为重点、以改善经济发展环境为着力点，积极推动党风廉政建设和反腐败斗争，党内廉洁自律风气、干部队伍风气和社会风气有了明显改善。

一年来我市经济和社会发展结束了长期低谷运行局面，出现了明显转机与生机的好势头和好形势。但是前进中的困难和问题还很多，有的甚至还比较尖锐和复杂。经济结构不合理状况还没有较大程度的改观，经济体制中许多深层次矛盾和问题还没有根本缓解；经济发展环境虽有改善但仍然还不够宽松；政企不分、条块分割、低水平重复建设的现象仍在延续，包袱沉重、资金紧缺、人才匮乏、基础设施薄弱的制约尚未缓解；国有企业经营粗放、效益不高、亏损运行的状况仍在继续，传统农业生产方式造成的丰产不增收问题还比较突出；城乡居民生活水平增长较慢，下岗失业职工生活贫困，农村贫困面仍然占一定比例。特别是城乡正处于特定调整时期，各种潜在的社会矛盾和滋生的社会问题与分配不公、党风社会风气尚未根本好转、社会丑恶现象滋长和道德失范交织在一起，不仅使改革失去了足够的承受能力和成本支持，而且极易引发社会不稳定问题。因此，对已经取得的成绩无论如何不能估计过高而盲目乐观，对面临的困难和问题无论如何不能估计过低而掉以轻心。必须正视和面对形势发展有转机、面临任务更艰巨的市情实际，坚持把加快发展作为解决一切社会问题的关键不动摇，努力在困境中取得更好成绩。

二、倍加珍惜千载历史机遇和来之不易的好形势，按照十五届五中全会精神切实做好"十五"计划编制和组织实施，乘势开创齐齐哈尔经济和社会发展的新局面

前不久召开的党的十五届五中全会审议通过了《中共中央关于制定国民经济和社会发展第十个五年计划的建议》，省委八届四次全会以党的十五届五中全会精神为指导，讨论通过了《中共黑龙江省委关于制定黑龙江省国民经济和社会发展第十个五年计划的建议》。围绕学习贯彻落实十五届五中全会和省委八届四次全会精神，市委组织力量起草完成了我市国民经济和社会发展第十个五年计划的建议，与会同志要认真审议发表意见和建议，根据审议情况进一步修改完善后形成正式建议稿，作为全市"十五"计划编制的指南和行动纲领。

（一）制定和实施"十五"计划，必须把思想统一到中央和省委对当前所处方位与面临形势任务等重大问题的研判上来，努力拿出一份高质量符合市情振奋人心的发展蓝图。要看到尽管我们面临着区位深处内陆和体制机制约束加剧等诸多困难与问题，但也要看到有新中国成立五十多年特别是改革开放二十多年所奠定的资产存量等物质基础，有土地、草原、水面、矿产等丰富的自然资源优势和国家商品粮基地、畜牧业基地、重化工

基地等产业基础优势,面临前所未有的"入世"后两种资源两个市场更大发展空间,以及与俄罗斯长期战略伙伴关系为扩大"北开"提供的新机遇,尤其是省委提出的实施"二次创业"发展战略、全市经济社会发展出现了明显转机的好形势,完全可以在新世纪前五年争取到一个更快更好的发展成绩。发展计划是愿景目标和发展蓝图,也是战略抉择和战术谋划。能不能抓住宝贵的"十五"发展机遇期,制定出一份高质量能够鼓舞人心凝聚力量的计划书至关重要。要依托基础、发挥优势、扬长避短、趋利避害,善于寻找和发掘可以转化为燎原之势的星星之火,面对不可能转变成现实可能,紧紧锁定目标、明确思路,采取超常规举措深入研究和把握加快发展的可行性,调动各方面智慧力量,争取各方面支持帮助,下定决心打一场"十五"发展与振兴的翻身硬仗。

(二)制定和实施"十五"计划,必须深刻领会十五届五中全会和省委八届四次全会的精神实质,切实结合本地实际,把握机遇,研究领会好宏观政策取向。制定"十五"计划必须深刻领会十五届五中全会提出的"把发展作为主题,把结构调整作为主线,把改革开放和科技进步作为动力,把提高人民生活水平作为根本出发点"的要求,找准我市现阶段面临的主要矛盾和矛盾的主要方面,仍然是社会生产力水平相对较低、经济发展相对滞后的矛盾,加快发展具有更加深刻的内涵和更为特殊的重要意义。要清醒地认识到在"十五"乃至今后更长一个时期内,如果没有比过去更快的发展速度取得超常规成绩,没有比先进地区更快的发展步伐和发展气魄,没有选准道路凝聚力量实现弯道超车的睿智和非凡胆识,就必然会与先进地区的发展差距越来越远,就会遇到更大的困难和积累出更加尖锐的矛盾与问题,必须在目标设计上确定高增长,在战略选择上采取超常规,在指导思想上选择跨越式,所有这些"十五"计划必须做出明确回答。经济发展相对滞后说到底是产业结构不适应发展变化,必须以结构调整统揽发展全局,实施城乡结构、所有制结构、产业结构、行业结构、产品结构、企业组织结构和劳动力结构的调整统筹,谋划一体化推进，全面构建城市核心竞争力和发展新优势。

（三）制定和实施"十五"计划，必须深入研究并找准我市区位优势和发展定位，按照市场有效配置资源属性突出城市在区域中的鲜明特征和中心地位。一个城市的定位过程是对地理区位、资源禀赋、历史人文、产业积累等诸多积淀要素和特色专长的深入挖潜再认识，也是体现对全球发展趋势、国家政策走势、市场变化规律等大局大势的把握驾驭和掌控能力，通过把自身优势与外部大势二者有效对接起来，找到并明确具有战略超前性的功能定位和发展追求，从而确立形成概念化品牌和感召，才能更加有的放矢地有效聚焦资源、凝聚力量和汇集人气。齐齐哈尔"十五"期间要实施赶超战略，实现加快发展，就必须进一步明确城市的功能定位和发展方向，抢占新一轮市场和社会化大生产分工角色。从地理位置看，嫩江由北到南贯穿我市全境，是我国七大江河之一，也是东北地区主要河流和松花江上游一级支流，嫩江干流全长1370千米，流域面积29.7万平方千米，流域面积超过一万平方千米的8条支流有6条主体在我市境内，涉及黑吉蒙三省区7个地市盟26个县（市、区）旗。我市地处三省区交界是重要的交通枢纽和唯一毗邻嫩江主干的较大城市，占据嫩江平原主要地理板块，拥有世界仅存三大黑土带中的一条。历史上曾是中俄远东铁路贯穿的重要节点城市和解放最早的省会城市，1954年8月省会迁往哈尔滨后是省第二大城市，不仅与周边地区有较强的关联性和互补性，而且对周边区域有一定的辐射和带动能力。市委着眼于超越历史上的省西部地区经济文化中心这一行政区位概念局限，从具有市场属性和区域一体化发展角度，明确提出把齐齐哈尔建设成为嫩江流域经济中心城市的发展定位和目标，以此打造城市特色与区域发展领头羊角色，提升城市影响力和核心竞争力。城市定位和发展品牌要体现在城市功能与影响辐射带动上，要抓紧明确农业和农村经济、工业和城市经济以及第三产业发展方向，加快布局区域发展联合体，争取在区域发展大格局中发挥更大作用。

（四）制定和实施"十五"计划，必须组织和动员社会方方面面的力量,凝聚全市上下智慧、统一思想意志、形成发展共识。这次会议审议稿讨论修改通过后,市政府要按照建议稿精神,积极组织和动员各方面力量开展计划编制工作。要聘请国内外权威专家帮助论证城市定位和发展战略,增强计划的宏观可行性和战略前瞻性以及指导实践作用,并在全市组织开展"我为'十五'献一计"大讨论活动,增强计划的指导性和现实操作性。要结合全市大讨论成果,把计划落实到项目上,通过具体项目安排把对策措施和问题解决途径落地生根,坚决防止计划完成之日就是束之高阁之时的问题,使计划真正成为全市人民集体智慧和力量的结晶。要确保计划的严肃性和权威性,做到"一本经念到底、一件事抓出头"。计划文本会议讨论通过后将成为具有法律效力的地方法规,市人大要做好法律监督,每年组织人大代表开展专项视察和检查,市政协要组织专题调研专题协商。要抓好计划分解落实,实行目标任务和牵头落实部门年度工作分解,建立年度总结和中期评估抓落实机制,确保各项目标任务落到实处,要用计划凝聚力量,切实把以富民强市为目标的"二次创业"不断向纵深推进。

三、着眼于建设区域中心城市发展方向、围绕走进新世纪构建新优势提升综合竞争力总目标,扎实做好"十五"计划开局起步各项工作,奋力谱写"二次创业"新篇章

2001年是新世纪第一年也是实施"十五"计划的起步年,做好开局奠基工作具有极其重要的引领意义。全市工作指导思想和总体思路是:立足把齐齐哈尔建设成为嫩江流域经济中心城市的目标定位,突出加快发展这个主题和结构调整这条主线,切实做大经济总量提升经济运行质量和效益,加快城乡基础设施和城市升级改造,努力减少贫困人口提高人民群众生活水平,全面加强党的建设精神文明和社会环境建设,以优异成绩奋力谱写以富民强市为目标的"二次创业"新篇章。主要发展目标要努力做到更快一些,国内生产总值和地方财政收入要确保较大幅度增长,产业结构和所有制结构调整要迈出更大的步伐,城镇人均可支配收入和农村人均纯

收入要明显提高。

（一）围绕农民增收、农村发展这个总目标，加快推进农业和农村经济结构调整。要大力调整种植业结构。发挥我市农村无工业污染和土壤、水质、光热温差等天然气候条件有利于绿色产品、特色产品生产的优势，引导农民按照绿色食品要求从基础抓起，实施从选种、土壤施肥、耕作技术、病虫害预防全过程标准化，培育打造有原产地标识的绿色特色优势品牌，用品牌赢得市场、用市场带动基地、用基地带动规模化种植和效益型生产能力提升。要增加甜菜、亚麻、葵花、油料、果蔬等优势经济作物和中药材等名优特新作物生产种植的比重，努力在效益型特色品种和规模生产上下功夫。要大力调整农村养殖业结构。把畜牧业发展作为中轴产业，加快引进高产优质奶牛、肉牛、山绵羊和大鹅等品种，畜牧业产值占农业总产值的比重要达到35%以上。要扩大水产养殖业面积，突出发展名优特鱼类和其他绿色水产养殖业。要突出发展经济林、林木加工制品、花卉和山产品等特色林业生产，努力增加林业经济和林产品效益。要大力调整农村产业结构和劳动力结构。大力发展食品工业，推动农产品精深加工，饲料工业要在生产粗饲料和精饲料的同时开发各种配合饲料，矿产业要加速建材、陶瓷、化工原料开发实施产品多元开发和质量升级，建材业要抓住小康村和小城镇建设机遇，加快发展新材料和新型建材产品研制开发，努力开拓市场提高生产规模。要以龙头企业建设为重点，大力推进农业产业化进程。重点扶持甘南20万吨玉米深加工、黑化与泰来沙棘综合开发、克山马铃薯深加工等项目，加快组建讷河薯经济集团、富裕乳品集团、市区肉类加工集团、龙江和碾子山石材加工集团，形成一批产业化规模群体。要发挥名牌产品的辐射带动作用，提升农业产业化水平和市场竞争力。要大力发展农村服务经济。特别要搞好产地批发市场建设，积极发展中介组织，培育壮大农村经纪人队伍，通过二三产业的发展促进农业劳动力转移，形成向生产的深度和广度全面进军的局面。

（二）推进产权制度改革，加速企业改组改造，促进工业经济结构优化和规模升级。要大力调整所有制结构。按照党的十五大和十五届四中全会精神缩小国有企业经营战线，采取股份制改造、产权出售、剥离分立、"嫁接"改造和破产重组等多种形式，加速国有资本在竞争领域退出。改革中要注意规范化推进和民主化操作，充分听取和尊重职工群众的选择，解决好在职职工就业和离退休职工生活保障问题。要继续围绕用高新技术和先进适用技术改造六大传统产业和培育五大新兴产业。把新产品开发和提升产品科技含量作为关键环节，集中力量开发合成纤维原料、合成树脂燃料、酒精等化工产品，提高机电一体化工业装备智能水平，特殊钢、新闻纸、麻纺产品等优势产品性能升级，以及多功能微生物菌群、聚烯烃环保合成纸、水溶性环保涂料、硅基纳米粉及纳米复合生物医用陶瓷制品、大豆磷脂、现代中药、信息软件等产品，依靠优势产品提升企业核心竞争力和发展优势。要加快企业组织结构调整。从明晰产权主体、理顺管理体制、完善法人治理结构、深化内部"三项制度"改革入手，加速企业集团化改组和公司化改造，对现有上市公司争取降低国有股，提高公众流通股比重，抓好一重、富华、车辆、齐梅、数控机床等企业的股份制改造和上市融资，着力构建股市有影响力的"齐齐哈尔板块"。要进一步搞活中小企业，大力发展为大中型企业提供专业配套和专业服务的中小企业群体，提高区域经济协作配套和专业化社会化生产水平。要重视和发展劳动密集型企业。劳动密集型企业不仅能够提供大量就业机会，也是我市地方企业参与国际竞争的比较优势，要统筹研究和解决人的就业问题和产品的科技含量问题，切实从传统粗放型转移到做大增量、优化结构、提质增效、可持续发展的现代集约型轨道上来。

（三）加快提升经济和社会发展信息化水平，大力发展现代服务业和第三产业。要依托国有商贸企业资产存量和网络渠道优势，按照现代企业制度和现代商业模式实施企业组织结构优势再造，加速布局面向全国服务流域和区域经济的商贸枢纽与物流集散中心。要抓好技术市场、人才市场、劳动力市场、产权交易市场、生产要素市场、房地产市场等要素交易市场建设，打造区域性生产要素配置和流通中心。要发挥冰雪风光、生态湿地、大平原大草原、多民族风情等资源和历史人文优势，重点开发扎龙自然保护区、明月岛风景区、劳动湖—龙沙公园—嫩江公园水上观光及沿湖游览区、昂昂溪古文化遗址和远东铁路历史文化遗存、江桥保卫战遗址、辽金代文化遗址和大乘寺、清真寺、天主教堂等宗教旅游景点，完善旅游景点周边服务设施和环境配套。要加快发展社区服务业、提升社区服务能力，促进文化娱乐、教育培训、体育健身、卫生保健、生活消费品连锁等生活服务业发展。要加快发展金融保险、会计审计、信息咨询、法律服务、行业评估等专业服务业，鼓励和支持专业服务机构做大做强，促进专业服务业整体水平提高。要加快经济和社会信息化发展步伐，加快发展电信移动联通邮政等专业信息服务机构，充分发掘和开发网上资源拓展通道容量，强化区域网络展示窗口和市场链接渠道建设，积极筹建和打造齐齐哈尔经济信息港。要加快推进企业信息化建设，借助互联网手段提高企业决策和经营管理以及对外开发水平。要积极推动信息技术对传统产业和行业以及人民生产生活方式的改造，弥补内陆城市远离开放前沿短板，为建设区域中心城市提供条件支撑。

（四）制定落实更加优惠政策加大招商引资力度，用比较优势大力发展非国有制经济。要采取超常规措施来抓，拿出最优质的资产和资源，用最优惠政策和最优良服务吸引外来资金、人才和技术，最大限度地调动和引进外来资本与民间社会资本。要抓住即将加入世贸组织和全球经济一体化大势，利用我市开发潜力大、发展空间广阔、具有资源和资产存量等诸多发展条件，发挥政府引导企业主导和全民参与多个积极性，积极开展多种形式招商活动，形成各阶层广泛参与的大招商大引资格局，将拥有地方自主权的各类优惠政策放宽到全国最优惠程度。要大力扶持非公有制经济发展，拿出最优惠政策扶持有成长力的企业快速发展。鼓励和支持国有企业加快调整所有制结构，对国有资本结构多元、发展领域多元和民间社会资本收购兼并参股国有企业，以及兴办私营企业、合资企业、股份制企业的，要在资金、项目、人员安置上给予政策扶持，推动存量资产与增量资本、传统企业与新兴行业、国有经济与非国有经济混合一体发展。要进一步放开空间和领域限定，推动外来资本和民间社会资本不断汇集壮大，实现从传统生产和商贸服务行业向城乡基础设施、文化教育、医疗卫生、旅游博览、边贸出口、专业服务、社区服务等新兴服务领域扩展，改变城乡经济结构单一、投资主体单一、发展模式单一问题，加快形成增存并举不拘一格万马奔腾的发展景象。

（五）加快城乡基础设施建设推进城镇化进程，不断提升城市影响力和带动力。按照区域中心城市定位和建设园林生态城市的目标，全面梳理城市肌理和架构形态高起点搞好规划布局，构建有完善的城市支撑系统、有合理的产业和生活布局与城市艺术形态、有独特的城市文脉和建筑风格、有贯通城乡辐射区域的交通网络、有星罗棋布城镇分工梯次环绕的城市群结构，打造纽带关联紧密的一体化发展共同体。要进一步加强城市建设和管理以及应急减灾系统等基础设施建设，加快老城区改造和新城区开发建设规划布局，采取适度超前政策跟上时代节律，做到不落后不落伍。要加强生态环境和水利工程等生产生活环境建设，重点抓好尼尔基水利枢纽、城市防洪和嫩江干流消险加固、江东灌区节水工程等重大水利工程项目建设，加快建设防洪、除涝、灌溉、水土保持和乡村供水五大工程体系。要综合运用生态农业建设八种模式，重点搞好植树造林、改草种草和小流域治理，促进生态农业发展，厚植生态底蕴。要构建骨架，打通脉络，加强道路交通建设，继续抓好大齐、碾北、齐甘公路等重点骨架项目建设，抓好111国道项目前期准备工作。要抓好中心城区主干道扩建和供暖供排水以及污水垃圾处理等工程建设，抓好劳动湖清淤疏浚拓展项目，深入推进公园、广场、景观、路街、住宅小区的规划建设。搞好以嫩江大堤防浪和护岸林为主体的环城绿化及扎龙自然保护区、水师森林公园和明月岛风景区建设，构筑城防林与旅游景点交相辉映的绿色城市基本框架。要加快小城镇规划布局，按照撤并自然屯建设中心村发展小城镇的总体目标，抓好规划编制和网点合理布局，探索实施市场化小城镇建设投融资体制和管理运营体制。各县（市）区要确定1~2个重点发展的特色小城镇作为示范项目，然后逐步拓展有计划积累式推进。

（六）大力实施科教兴市战略，加快教育医疗卫生和社会各项事业发展。要在巩固普及九年义务教育成果、完善基础教育体系基础上，改变政府包办教育的传统思维定势，以社会需求为导向，大力实施非义务教育产业化，运用市场机制和手段突破体制障碍，鼓励社会办学，实现对现有教育资源的优化重组和多元化发展。要认真研究和合理解决企业办学校问题，区分不同情况，分别采取移交地方、产业化转制等方法分而治之。要大力发展高等教育和职业技术教育，制定政策鼓励支持企业与地方、高校与地方通过开展共建共育等多种形式，鼓励外来资本和民间社会资本投资教育领域，努力建设有影响力的教育强市。要加快科技管理体制改革和科技人才队伍建设，建立人才共享平台，实行人才资源共享，制定规划出台政策，高度重视专门人才的使用和培养，研究切实可行政策把科研机构和科技人员推向经济建设主战场，鼓励和支持企业与高校、科研院所合资合作，通过成果转化、委托开发、共建技术开发机构和科技型企业实体化等方式，推进多种形式的产学研合作。要进一步完善公共医疗卫生服务体系，放开和搞活公办医院干部人事与内部分配制度改革，做大做强公办医疗机构，提高医护人员待遇和医院规模实力。要积极引进外来资本和民间社会资本进入医疗卫生服务行业，推进企业办医剥离和转型改制，鼓励实施企业化经营。要积极推进文化体育和新闻媒体等事业单位改革与转制步伐，鼓励和支持有条件的事业单位通过组建集团、多元融资和产业化经营等方式，探索事业单位转体转制和实行企业化管理模式，努力在走向市场进程中构建发展新优势。

四、按照"三个代表"重要思想要求，进一步加强党的建设和社会环境建设，为顺利实施"十五"计划建设区域中心城市、谱写"二次创业"

新篇章提供坚强的组织保证

组织实施"十五"计划,谱写以富民强市为目标的"二次创业"新篇章、把齐齐哈尔建设成为嫩江流域经济中心城市,既要做好存量调整与取舍,又要做好大规模增量进入和带动。要打破传统固化格局把分散的集合成整体、割裂的凝聚成关联、不可能的变成现实,这背后无不与人的因素紧密相关,可以说关键在党、核心在人。党的各级组织和共产党员要站在时代前列,充分发挥党的领导核心作用和共产党员的先锋模范作用,切实承担起组织和带领群众的政治责任和历史使命,坚决打赢齐齐哈尔全面发展与振兴的翻身仗。

（一）以"三个代表"重要思想为指针,切实加强党的建设。要按照中央统一部署,从今冬明春开始用两年左右时间,在县（市）部门、乡镇、村领导班子和基层干部中,有计划有步骤地开展"三个代表"重要思想的学习教育活动。要贯彻落实好中办发〔2000〕20号文件和省委贯彻落实意见部署,加快年轻干部培养选拔步伐,坚持"四化"方针和"三重"原则,重点把好"政治关"和"质量关",把一批优秀年轻干部尽快充实到县区和经济管理部门的党政班子中。要统筹兼顾、贵在合理,防止简单化和一刀切,保持班子结构年龄梯次、专业互补、经历错位配置,形成有利于集体领导与个人负责相结合工作格局。要建立科学的领导干部政绩考评体系,把正向激励与负面追责结合起来,大胆起用敢干事能干事干成事的干部,同时研究试行引咎辞职制,建立用人失察失误责任追究制度。要加强基层党组织建设,认真总结华安集团党委、甘南县兴十四村党总支两个来自国有企业和农村基层党组织的先进典型经验,发挥典型示范引导作用,切实把基层党组织建设成为特别有战斗力的坚强堡垒。要按照"治国必先治党,治党务必从严"的要求,坚持不懈地开展党性教育和党风廉政建设,采取标本兼治综合治理的方法,大力开展正面典型励志和反面典型警示宣教活动,加大违纪违法和腐败案件查处力度,对阻碍发展的典型案例公开曝光。要坚决落实中央"收支两条线"的规定,完善政府采购制度和招投标制度，搞好政务厂务村务"三公开"，从制度上程序上源头上预防和堵塞漏洞推进管理规范化，下决心铲除违规违纪违法犯罪土壤，切实强化对权力的制约和监督，坚决开展反腐败斗争，用党风带政风促民风，打造风清气正干事创业的干部队伍，营造健康向上的社会风气。

（二）努力推进依法治市进程，大力加强民主法制建设和精神文明建设。充分发挥人大及其常委会的法律监督作用，推进依法理政和依法行政，用法治手段为城乡经济发展和社会有序运行提供保障。要进一步加强地方立法工作，落实各项执法监督和检查制度，维护法律的严肃性，建立违法追究和监督防范工作机制。要充分发挥人民政协的民主监督作用，加强同各民主党派和工商联合作共事，充分调动和发挥社会各界参政议政积极性，努力营造大团结大合作大凝聚和大发展的环境氛围。要加强和改善党对工青妇等群团组织的领导，支持他们依法遵章维权和积极开展工作，调动各界群众脚踏实地干事创业的积极性。要大力加强宣传思想和社会道德建设，深入开展社会主义核心价值观教育，巩固建设和发挥好宣传思想文化阵地。要深入研究加强思想引导的方式方法，努力弘扬正气惩治邪气，提升干部群众的精气神和精神风貌。要加强新闻舆论阵地建设，发挥好市属两报两台主流媒体的引领作用和媒体监督作用。要广泛开展城乡精神文明创建活动。抓好窗口行业与职能部门行风建设，围绕提高市民文明素质强化社区管理加强文明社区建设，精心设计创建项目广泛开展精神文明创建，大力开展军民警民厂街等多种形式的结对共建活动。围绕强化村屯思想宣传和精神文明阵地建设，大力开展"三下乡"、"绿色证书"、"科普之冬"和"万村书库工程"等下沉村屯送文明送文化活动，通过典型示范带动文明村镇创建。要关心和重视妇女儿童残疾人和老龄事业，抓好国防教育和国家安全教育，深入开展"双拥"活动，切实加强军政军民团结，努力调动社会各方面的积极性和创造性。

（三）完善帮扶救助和社会保障体系建设，努力改善和提高人民群众生活水平。要积极拓宽就业渠道、提高就业容量、鼓励就业创业，大力发展职业技术教育，对下岗职工和农民开展职业技能培训，积极开展劳动力输出转移，发展劳务经济，把加快发展与充分就业作为解决贫困和提高人民群众水平的根本措施。要通过领导帮扶、结对援助、扶贫助学、资助就医等多种形式，组织社会各界深入开展多种有效形式的城乡扶危济贫活动，突出抓好城市贫困人口救助和再就业与农村贫困人口帮扶和减轻农民负担工作，制定政策、落实责任，坚决减少贫困人口和脱贫后返贫现象发生。要加快推进以"两个确保"为重点五险合一社会保障体系，在建立统一的城镇社会养老保障体系基础上，积极开展城镇失业保险、医疗保险、工伤保险、生育保险，以及农村养老保险和合作医疗保险试点，不断扩大参保范围和受益面。要积极引进商业保险和民间社会资金进入，采取政府和市场两种手段拓展商业保险进入渠道，充分研究和发挥商业保险在城乡居民群众生产生活中分担风险作用。要切实加强对社会维稳工作的领导，按照"谁主管，谁负责"的原则，落实维护社会稳定属地工作责任制，深入开展社会治安综合治理，坚决打击取缔各种邪教组织和非法宗教活动，为人民群众创造安居乐业的生产和生活环境。要重视群众来信来访工作，坚持并完善首问负责制、领导干部信访接待日等行之有效的工作制度，领导干部要站在一线开展工作，全面开展社会矛盾排查和疏导增强工作主动性，用过细的工作和耐心的态度赢得工作主动和群众尊重。要建立风险评估和维稳评估制度，统筹谋划经济发展和社会维稳工作，善于在发展与维稳两者间找准结合点和发力点，做到两结合、两手抓、两促进。

（四）积极应对入世挑战改善经济发展环境，切实转变思想观念和工作方式方法。要按照省委统一部署适时进行机构改革，通过研究制定机构改革"三定"方案，在撤改并转基础上对标对表开展职能重新定位、流程重新设置、手段重新确认、队伍重新打造，切实按照开放规则和法治意识建立起适应与市场体制和国际惯例接轨的高效能机构。要加快改善经济发展环境，以简化程序减少环节提高效能为重点，通过破废立改等综合措施集中开展地方行政规章，以及管理方式和手段的全面清理和重新确认，把更多的经济和法律手段运用到行政管理中。要继续采取重点工作和部门承诺公开发布制度，广泛接受社会监督，继续加大对服务意识差、本位主义造成"梗阻"的部门和人员查处力度，下决心解决管理落伍、效能低下、利益驱动等人为阻碍发展问题。要加快转变思想观念和工作方式方法，强化遵循国际惯例和市场规律以及依法办事的规则意识和分工合作意识，彻底摒弃靠经验凭感觉的做事习惯，加强对党的理论和路线方针政策、市场经济原理、先进管理理念和管理方式、现代科技知识、前沿专业知识以及法律法规的学习和研究，提高对宏观走势了解驾驭和专业知识技能的掌控能力。要把学习和知识更新作为开展工作的起点和前提条件，防止无知无畏和起点落后步步落后、起点出错步步出错，通过学习和观念与知识更新赢得工作主动权。要学以致用把知识更新和思想武装与基层实践结合起来，帮助基层出主意、想办法、拿对策，及时协调解决他们遇到的困难和问题，大力提倡多干实事少说空话的良好学风和工作作风，切实肩负起组织凝聚和引领带动使命。要完善重点工作专题推进机制，采取目标任务责任成果一体化方法，把重点工作逐一分解落实到部门和人头，并同步建立工作绩效评价认定考核制度，确保各项工作扎实有效完成，务必取得好成绩。20世纪已经成为历史，21世纪已经来临。站在世纪交汇点上，我们倍感责任重大，任务艰巨。让我们团结起来，高举邓小平理论伟大旗帜，在省委的坚强领导下，认清形势、抢抓机遇、坚定信心、奋力拼搏，以舍我其谁的气魄和胆识开好新世纪和"十五"计划起步之局，大力推进以富民强市为目标的"二次创业"，为早日把齐齐哈尔建设成为嫩江流域经济中心城市而奋斗！

二、典型经验

典型经验材料是对实践中出现的新生事物和工作做法，从发挥示范引领价值角度用认识论和方法论作出的总结和提炼，目的是推进工作的深入开展。这里的实践做法由于被赋予了示范引领价值，以及推动指导工作的目的和功利属性，做法就不再局限于事物的本身而是演变成为工具和办法，这也是机关推进工作经常使用的方法。文体特点与调研报告有相同之处，都是来自基层、面向实践，再回归指导实践。但比调研报告难度更大之处，是要在调研成果的基础上，飞跃到方法论层面作出阐述评价，这才能够提供示范和借鉴价值。如果说调研报告是重型坦克更为稳固从容的话，典型经验材料就是轻骑兵，需要短小精悍掌握平衡术，二者的难度和要求是完全不同的。

典型经验材料是正面事迹宣传材料，应用场景非常普及和广泛，包括以典型为核心现场推进会材料、会议发言材料、会议交流材料、媒体宣介材料、工作专报和信息简报交流材料等。可以这样说，哪里有工作、哪里就有典型做法出现，关键看怎么运用和发挥作用。所以，写作典型经验材料更加强调场景应用，尤其是现场推进会和会议发言与交流材料，参会对象直接相关指向明确，更要考虑到现场互动因素和工作引领价值。要善于从事物发展变化的趋势，对典型的开创性作出概括评价和总结提升，通过典型的特殊性发掘所具有的普遍性和规律性，使人悟出道理、给人启迪和示范，让现场对象有如拜师学艺对"师傅"一样的膜拜认同效果。写作时除了要具备娴熟的技巧，还要有足够的理论和专业实践支撑，来完成从感性认识到理性认识和从实践到认识的思维跨越，这是隐含在文字背后的支撑力量，是用典型出面直接说话现身说法的方式，把理论寓于实践做法中、行政意图寓于典型引导中，是用角色换位的说服力改进和推动工作达到轻骑兵效果，这就是典型经验材料写作之难和考验功夫之处。

典型经验材料的写作要比调研报告类文体更加强调场景和篇幅限定，对语言的组织和表达方式也有更高要求。要主题更加聚焦、语言更加精练、表达方式更加贴切场景对象。会议发言类典型经验材料要考虑会议主题和时间以及对象等现场因素，叙述和议论不宜过多展开，类似于上行文要简明扼要说清楚点到为止，而会议交流类典型经验材料是以书面形式印发的，不做现场发言可以有更大空间做叙事和议论，但也要有节制控制节奏。典型经验材料写作时要从思路要独特、做法要先进、效果要显著的角度发掘典型价值，围绕为什么这样做启迪思路、具体怎么做现身说法、变化是什么激发兴趣展开叙事，通过揭示真谛、道出根源、指明意义组织材料和提炼升华，语言技巧上句子能短则短，多用动词还原现实更加鲜活，还要善于修辞煽情、放大细节、烘托环境，语句上可采用排比关系递进渲染、雕琢金句升华出哲理。

典型经验材料的写作要提高站位、放大格局，决不能就事论事，要就事论"法"。只有综合调度历史发展、专业知识、相关政策等知识点做画龙点睛式叙事，善于在感性认识与理性认识之间穿行，把概念、判断和推理逻辑三要素用好用足，巧妙插入管理学和领导科学相关知识，以及行业话语和俗语俚语流行语，以及把基层鲜活语言适当植入，典型才会具有生动性和故事性。只有具备了这些知识底蕴和视野站位，调动多种语言表达艺术，才能做到把平淡的附着上背景和价值烘托出神奇，把分散的找到关联和归属串联出整体，平凡的探索因此就有了打动和感染人的力量，这是典型经验材料的出彩之处。

例文解析

本篇例文《杨浦转型：起点历程与实践价值》，是对上海杨浦转型作出的具有典型价值的深度发掘和全面总结。应用场景和对象是区委党校干部培训班学员，以及机关领导干部和工作人员，是以专题课讲座方式呈现的长篇典型经验材料。由于课堂应用场景带来的容量要求，不同于会议发言和交流类轻骑兵式的单项材料，采取的是典型经验材料的视角、工作总结的结构安排和理论与实践结合的论述方法，完成对一个城区20多年走上创新发展之路的全面回顾。

这篇文稿根据掌握的材料和应用对象与场景，选择相应的公文写作技术方法。在立意和布局谋篇上，选用常规的横式组合结构做逻辑行进线，通过对三个板块进行独立结构化处理搭建框架，然后对每个板块再按照纵式组合结构，依据时间线确定内容点位，这就有了纵横交织的综合式组合结构立体呈现效果。第一个板块从区情和历史的延续角度，用时间线确定内容点位介绍转型背景和起点。第二个板块在照顾内容板块化的同时，按时间线选择叙事先后以此构建层次，分类归属对时间跨度大的内容，采用前后相互呼应各有侧重方法处理，防止碎片和重叠维护清晰的逻辑线。第三个板块把实践成果用定性和感悟角度阐述，融入党的理论和政策以及领导方式方法，贴合党校作为党的干部培训基地特点。公文写作有独特的技术方法和一定套路，但形式是为内容服务的，一切从材料和场景实际出发，用逻辑条理关系阐述实践再回到指导实践，是公文写作的起点和落脚点。

本文详实记录了进入新世纪随着政策环境和外部条件的，上海市杨浦区这座老工业基地城区转型发展实现全面振兴的历程。是作者经历过20世纪90年代东北老工业基地改革探索后，进入经营城市时代探索的以城市为单元的发展转型样本。书中例文涉及的南北两地同是老工业基地，一南一北一前一后接续探索努力，串联一体恰是全面深化改革走过的发展历程。杨浦探索为老工业基地实现全面振兴走出了路子，全国各地老工业基地城市，正在依托各自优势和基础潜力，奋力走在创新发展全面振兴的路上，历史上的老工业基地以蝶变形式再度崛起。

【例文2】

杨浦转型：起点历程与实践价值[①]

习近平总书记在党的十九大报告中指出："中国共产党人的初心和使命，就是为中国人民谋幸福，为中华民族谋复兴。"[②]杨浦作为上海老工业区在党史、新中国史、改革开放史、社会主义发展史上，见证了党走过的除井冈山和延安这段农村包围城市迂回道路以外，几乎所有的党史重大节点可谓是活教材。2019年11月2日下午，习近平总书记考察上海来到杨浦滨江示范段，对滨江贯通开放给予充分肯定，并提出了"人民城市人民建，人民城市为人民"的重要思想理念，指出："城市是人民的城市，人民城市为人民。无论是城市规划还是城市建设，无论是新城区建设还是老城区改造，都要坚持以人民为中心，聚焦人民群众的需求，合理安排生产、生活、生态空间，走内涵式、集约型、绿色化的高质量发展路子，努力创造宜业、宜居、宜乐、宜游的良好环境，让人民有更多获得感，为人民创造更加幸福的美好生活。"[③]那么，杨浦究竟做了什么，让总书记有如此重要论断的呢？

一、起点：三个百年和三次拐点

一般而言，区位条件、历史积淀、资源禀赋、人文特征加特殊拐点，构成一个地区功能和发展的外部要素。杨浦位于黄浦江下游中心城区东北角，在中心城区中面积最大、人口最多，有黄浦江岸线15.5千米、占中心城区段的1/4，历史上是海上进入的城市门户，近代以来历经变迁积淀了

[①] 选自2021年3月25日整理定稿的在上海市杨浦区委党校干部培训班上的专题讲座文稿，全文在"阿拉杨浦老干部"微信公众号发布。

[②] 习近平：《决胜全面建成小康社会 夺取新时代中国特色社会主义伟大胜利——在中国共产党第十九次全国代表大会上的报告》，《人民日报》2017年10月28日。

[③]《深入学习贯彻党的十九届四中全会精神 提高社会主义现代化国际大都市治理能力和水平》，《人民日报》2019年11月4日。

百年工业、百年大学、百年市政三个"百年文明"的历史底蕴。"三个百年"体现了现代城市最为关键的产业、教育、基础设施三大支撑要素，并由此奠定了杨浦的底色是鲜红的主色调特征，杨浦滨江最有理由叫响"红滩"，能够很好地回答和破解"三个为什么"（中国共产党为什么能、马克思主义为什么行、中国特色社会主义为什么好）。

首先，杨浦率先实现工业化随后城市化成为近代工业发祥地和上海市政中心，是党的孕育催生地和早期城市斗争的主场。19世纪40年代上海门户开放后，随着西方大机器时代先进生产力进入，杨浦南部和东部滨江区域的杨树浦路和军工路沿线，陆续建成了远东最大的企业杨树浦发电厂、水厂、煤气厂、机器造纸局、卷烟厂、德大纱厂、厚生纱厂、荣氏新纺织公司等13个行业标杆性近代大机器企业，由此诞生和集聚了城市赤贫阶层工人阶级，奠定了杨浦大工业基础和工人阶级的摇篮地位。陈独秀主编的《新青年》月刊发表《上海劳工状况》一文描述，"近年来上海的工厂，一天发达一天了。其中纱厂为最多数，那贫民的生计，便因此一振。杨树浦一带，竟可称他为一个工业社会"。夏衍1935年创作的报告文学《包身工》和电影《风云儿女》主题歌《义勇军进行曲》，都是从杨浦出发通过中学课本和国歌唱响全国的。1920年周恩来和邓小平等一批有志青年，从杨浦秦皇岛码头登船远渡重洋寻求救国救民真理。随着滨江繁荣民国政府按照孙中山《建国方略》遗愿，1929年选择杨浦北部和西部五角场地区作为市政中心，实施"大上海计划"，集中布局建设了一批市政建筑和基础设施，因1937年中日淞沪会战爆发而搁浅，留下了以民国政府四个字开头的路网和市政府办公大楼、江湾体育场、国立图书馆等建筑设施，以及周边复旦、同济、沪江等高校，成为中国城市史上第一个现代城市规划建设样本，也标志着近代以来洋务运动开启的实业救国梦想破灭。杨浦工人阶级集聚与马克思主义传播相结合孕育和催生了中国共产党，在共产国际指导下选择在黄浦租界召开的党的一大宣告党正式成立。随后党在杨浦开展城市工人运动，杨浦记录和上演的是一大召开前和党成立后早期城市工人运动这段历史,是党的根基和血脉之地,并在以后的历史中一再呈现这种血脉关联。刘少奇、瞿秋白等老一辈无产阶级革命家,都曾经在杨浦担任过领导职务、留下过斗争足迹。

其次,新中国成立后党带领人民坚持独立自主自力更生走社会主义道路,杨浦是工人阶级作为国家主人和先进生产力代表的站立高地。上海解放后历经收回外来资本没收官僚资本和生产资料的社会主义改造,重新确立了国有制资产管理和运营形式,加上后续投入和改造杨浦滨江诞生了一批万人以上知名国有大厂,由此形成了区域内高校多、驻军部队多、国企多的"大杨浦"特点。杨树浦路军工路和大连路一带白天人流物流川流不息、夜晚加班加点生产车间灯火通明、节日职工福利丰厚甚是喧嚣繁华,20世纪七八十年代杨浦工业总产值占上海1/4,在独立自主自力更生建设新中国的道路上,研发生产出一大批具有替代价值的工业品,创造出了一大批引以为傲的民族品牌,诞生了黄宝妹等一大批劳模代表了新中国工人阶级当家作主的崭新时代风貌,还有中华牌香烟、上海牌手表、回力牌球鞋、凤凰牌和永久牌自行车、蝴蝶牌缝纫机等一批享誉全国的名牌产品,成为上海制造精致化的时代象征。滨江工业化推动了腹地控江、延吉、长白等地区的开发建设,围绕为国企配套服务建设了一批工人新村、影剧院、文化宫、学校医院、大型商场、区街商业等较为完备的公共配套设施。工人新村作为解放后上海为改善产业工人居住条件专门定制的居住聚集地,采取厂治带社治政企合一的社区治理结构,留下了人民翻身解放当家作主的历史,以及工人阶级为国家发展和带动内陆建设做出的卓越贡献,为一穷二白的新生共和国走出了自强不息之路,历史上留下了浓墨重彩的华章,成为展示社会主义制度优越性和中国人民有志气,以及真正站起来的精神家园和当家作主高地。

再次,改革开放重开国门历经失落与阵痛的大时代变迁,杨浦是不甘落伍敢于超越奋发图强的民族精神验证地和考场。20世纪80年代初国家开始实施改革开放政策,中国深圳等地率先起步,进入20世纪90年代初开始对浦东开发开放，上海对外开放时间比广东深圳等地晚了十年。随着浦东开发开放的不断深入，与浦东隔岸相望的杨浦与东北地区一样同步出现了"东北现象"，国有企业由于技术工艺和管理落后导致市场竞争乏力，企业陆续关停并转职工下岗失业发展沦入危困境地。围绕着搞好和搞活国有企业，先后采取松绑和放权让利以及导入人口"挺进中原"等一系列政策措施，却始终未能从根本上摆脱危困，而此时更多的区则抓住浦东开发开放机遇乘势而上，杨浦却从过去的排头兵逐渐变为落伍者，到1999年十年间杨浦工业企业由1200多家减少到200多家、产业职工由60万人减少到6万人左右、工业总产值占全市比重由25%左右缩水到3%，维稳和社会救助压力剧增。杨浦区委、区政府面对城区危困，1999年末开始酝酿、2000年初正式拉开城区转型序幕，走上了一条摆脱危困实现全面振兴、迎来可持续发展的弯道超车之路。

这段转型历史作为基层首创、市委站高望远决策、人民群众和社会各界广泛参与的城市更新优势再造案例，生动呈现了党领导的中国特色社会主义伟大事业在一个区域的实践壮举，以及共产党人组织带领人民群众改天换地的壮志豪情，具有深刻的区域发展历史研究和实践指导价值，记录的是中华民族不甘平庸与落后愈挫愈勇的顽强意志，也见证了党的初心和使命。转型的核心从产业革命和城市发展进步角度看，是把杨浦从工业经济阶段推向更高能级的服务经济和知识经济阶段，城区功能从单一工业化和初级城市化阶段，推向现代化和中心化阶段，是在改革开放还不充分的条件下，走出的没有先例可循、顺应时代和社会发展与产业进步规律的发展升级之路，因此具有领先性和样本价值。

二、历程：转型五段和十二案例

转型之初杨浦提出走依托区域内高校带动城区脱困和发展之路，但是高校与区域没有隶属关系加上管理层级差异，存在着有形与无形的壁垒和"围墙"。杨浦采取整合资源共建共享途径，运用政府和市场双重手段，立足点上破题、连点成线、由线到面、多面成体的几何学原理构建新赛道，通过破圈产城打造学城—破层学城升级创城—破局创城转道科创—破题科创进入双创—破解双创瞄准"四高"五段接力式推进，始终坚持以创新为主题走转型发展之路，并且持之以恒一届接着一届干一张蓝图干到底，滚动积累持续发力终于走出了全面振兴之路，把一个传统老工业区改造成为现代化新城区。这条道路的核心就是发展为本、创新为魂、敢字当先。

1. 改变路径动能依赖，理念引领规划先行。从区属和局部破圈，推动区域发展破局，明确走高校带动城区发展之路。1999年末区委在全面盘点区域资源禀赋基础上，改变依企立区依赖国有企业带动模式和路径，提出实施"两个依托"（依托区域内高校集中的优势、国企调整的机遇）的发展思路。2000年4月18日区委给《"十五"期间上海高校布局调整规划》课题组递交专报，建议在杨浦规划建设大学城，形成一个以高校为纽带辐射周边集教学功能、产业功能、生活服务功能为一体的局部优化区域。当看到调整规划把复旦整体迁往浦东后，2001年10月24日区委联合高校知名教授和校长签名给市委、市政府递交专报，呼吁复旦留在杨浦就地就近拓展，同时邀请市政府发展研究中心做课题论证，并在新江湾回购1平方千米废弃机场转让地，复旦因此留在杨浦并有了江湾校区。2002年7月区委全会作出《关于依托高校优势推进杨浦经济和社会发展的决定》，从依托高校优势发展杨浦是新世纪战略任务、借助高校创新优势推动高新技术产业发展、参与高校后勤改革大力发展服务业、利用高校资源促进人才培养交流、加强社区和高校合作促进精神文明建设、集聚区校力量加快高校园区建设等六方面做出决定，并且叫响"服务高校就是服务杨浦，发展高校就是发展杨浦"口号。

提出"知识杨浦"定位。2002年12月19日区委干部学习会正式提出"知识杨浦"概念，27日在市委全会做交流发言时又明确提出杨浦要后来居上就要由传统工业转向知识产业，并从抓好知识产业源头建设、载体建设、体系建设三个层面做了具体阐述。2003年1月10日区委全会明确提出从"工业杨浦"走向"知识杨浦",以知识产业发展带动各项产业发展。24日区委向市委正式呈报《关于杨浦大学城核心地区规划方案意见的报告》,明确提出高标准实施杨浦大学城核心地区规划建设,核心地区东至国和路北至殷高路西至国定路南至走马塘约2平方千米,规划新辟两条"大学路",其中复旦至江湾体育场正门的大学路要确保2005年复旦百年校庆前建成,以江湾体育场为中心的大学城中心区57公顷范围内的规划校庆前初步建成展示形象,同时规划占地100亩左右社区商业中心,高科技园区规划向东西两侧扩展,区建立项目建设推进协调小组。

引爆上海新一轮发展战略。2003年4月15日,市委、市政府召开关于杨浦大学城建设工作专题会议,指出构建以复旦大学为核心的杨浦大学城,是市委、市政府的一项重大战略决策,对于提升杨浦城区功能增强区域经济整体竞争力,推动杨浦乃至上海东北部地区的经济和社会发展将产生深远影响。明确杨浦大学城规划要与杨浦区总体规划统一考虑,要高起点编制。随后由市规划局和市规划设计院牵头,会同杨浦区以及复旦、同济、社科院等高校专家,用近一年时间在近10个专项规划基础上完成了规划编制。2004年4月19日,市政府常务会议审议通过了《杨浦知识创新区发展规划纲要》,规划纲要以整合大学资源为主线,按照大学校区、科技园区、公共社区"三区融合,联动发展"的核心理念,以杨浦知识创新区深厚的科教、人文、生态资源的集聚与共享为依托,以教育发展和科技创新为抓手,充分发挥教育的辐射效应,推动知识经济密集区建设,形成"两片一线一带"(东西两片高校积聚区、连接两片的创业走廊和以现代服务业为核心的滨江功能带)的空间布局,形成"城市的大学、大学的城市"的氛围和环境。

登顶国家战略。2010年1月杨浦入选科技部首批国家创新型试点城市(区),"知识杨浦"进入"创新杨浦"发展轨道。区委编制了《杨浦国家创新型试点城区发展规划纲要》,明确走"三区联动、创新驱动"发展道路,目标定位是"四地四区"(知识创新策源地与新兴产业引领区、创新创业集聚地与服务经济先行区、高端人才汇聚地与科教改革试验区、先进文化弘扬地与品质生活示范区），空间布局在"两片一线一带"基础上确定为聚焦"五大功能区"（五角场城市副中心、环同济知识经济圈、大连路总部研发集聚区、新江湾城创新基地、滨江现代服务业发展带）。2015年5月25日，市委审议通过《关于加快建设具有全球影响力的科技创新中心的意见》，确定杨浦为上海科创中心重要承载区+万众创新示范区。2016年1月，区"十三五"规划纲要明确走"三区联动、三城融合（产城学城创城）"发展道路，奋斗目标是建设更高品质的国际化大都市中心城区，5月8日杨浦入围17个首批全国大众创业万众创新区域示范基地，12月1日进入科技部、国家发展改革委确定的61个建设创新型城市行列，杨浦按照"三区一基地"坐标以构筑"一廊一圈一谷一园"（复旦创新走廊、环同济知识经济圈、财大金融谷、上理工太赫兹产业园）创新版图为抓手，聚焦西部核心区打造创新经济走廊、优化中部提升区构筑创客生态社区、深化东部战略区建设滨江国际创新带。杨浦"十四五"规划纲要明确提出建设"四高城区"（建成高标准人民城市实践区、高能级科技创新引领区、高水平社会治理先行区、高品质生态生活融合区），形成"一核引领、两翼齐飞、多点发力"（以滨江南段为核心、西部创新发展带和东部战略发展带为两翼、中部多点布局）的发展格局，重点打造滨江、大创智、大创谷、环同济四大创新功能区，形成在线新经济、现代设计、智能制造三个千亿产业集群，成为知识经济最为密集的区域和发展高地。

2. 聚焦重点构筑骨架，以点带面重排山河。精心打造三大区域，用空间布局调整带动产业结构和人居环境提升。实施聚焦五角场战略。发展重点从过去南部滨江国企带动，转向北部科教资源集聚的五角场和新江湾地区。2000年1月，区委全会明确提出依托历史上的市政中心建设城市副中心，形成对今后发展产生较强集聚和辐射效应的新的增长点。2002年1月，区委全会提出聚焦五角场战略，集聚了36个重点项目，打造出五角场城市副中心和创智天地两个具有"三区联动"示范性与标志性的转型经典案例。

其中，五角场城市副中心通过炸平朝阳百货商场、第一块军用土地变性挂拍，对五个角环岛区域实施形态和业态更新再造，形成了下沉式地下广场链接一体中环线高架空中横穿大体量现代商业商务楼宇集聚的立体多功能区域；创智天地毗邻五角场核心区借鉴美国硅谷模式和法国左岸创新氛围，由香港瑞安集团投资100亿元占地1260亩，集聚了人才广场、风险投资园、知识产权园、大学生创业基金会等一批创新服务平台，吸引了甲骨文、EMC、易保等一批科技巨子入驻，成为"三区融合，联动发展"的示范区。

中部崛起打造全国双创示范基地。2009年杨浦围绕国家海外高层次人才创新创业基地建设，制定实施了"3310"计划（实施三大工程三大项目十项政策）和3310科技园区建设，倾力打造创业杨浦品牌。入围国家首批双创示范基地后开始聚焦中部，以北部实训基地和拖内转型腾讯众创基地为辐射源，向南串联长阳路创新创业街区、互联网教育大厦、城市概念园、复旦软件园、水丰路创意街、阿里体育、上钢二厂互联网＋产业园、凤城巷等众创空间，打造出长阳创谷成为以新旧动能转换和互联网活力社区为特色的转型经典案例。2017年9月15日，全国第三届双创活动周主会场落户长阳谷，宣传周以"双创促升级，壮大新动能"为主题，展出了代表全国最高水平的153个双创项目，举办了创新创业嘉年华、创新创业七日谈、创客真人秀、创客小达人等主题活动及12场创新创业论坛和大赛，累计参观参与人次超过15万人。长阳谷是在2000年前后关闭废弃的纺织机械厂旧址，通过政府规划区属国企整体租赁形式，于2014年更新改造的互联网企业和创客集聚地，吸引了启迪之星、创合社区、优客工场、智能云科、润申科技等150余家双创企业和孵化平台入驻。双创活动周主会场是体现活动显示度和集聚度的场所，标志着特色鲜明的"杨浦案例"推向全国走向世界。

回望滨江破解发展不均衡。随着五角场城市副中心建设基本完成，2011年区委开始研究滨江开发再次启动规划招标，2012年组建滨江开发公司研究土地存储和地上建筑物确权登记，2013年明确新杨浦集团分工滨江开发，探索市区联动区企联手开发机制。2015年按照市委黄浦江公共岸线贯通开放部署，2017年10月杨浦大桥以西2.8千米示范段贯通开放，2019年9月大桥以东2.7千米延伸段也完成改造实现贯通开放，打造出网红打卡地和高起点城市有机更新治理方面的转型经典案例。2020年6月23日，市委全会审议通过《中共上海市委关于深入贯彻落实"人民城市人民建，人民城市为人民"重要理念，谱写新时代人民城市新篇章的意见》，对加快建设社会主义现代化国际大都市作出全面部署。6月29日区委全会审议通过争做人民城市建设标杆的决定和全力争创人民城市建设示范区三年行动计划，按照三大组团推进功能开发。继2016年历时11年完成760190平方米24390户平凉西块成片旧改后，这里迎来了旧改加速度，去年首破1万户随后启动最大成片旧区定海和大桥街道改造，到2022年全面完成成片二级以下旧里改造，规划建设2.3公顷大桥公园，市级长阳秀带在线新经济生态园揭牌，已集聚美团、B站、字节跳动等一批领军企业，努力建成全国领先的在线新经济创业基地和发展高地，杨浦滨江正以崭新的现代化姿态屹立于黄浦江畔。

3. 三区联动政府主动，厚植城区创新生态。采取载体、平台、要素三管齐下手段，破题老城区更新改造。高校拓展与老城区改造结合。2000年7月区委用会战手段对高校周边实施环境综合整治。仅第一战役就完成6300米道路改扩建、拆除违章建筑10323平方米、整治房屋立面超过18100平方米、新辟调整绿地13400平方米、新增灯光景点15处，第二年一季度为高校提供1.2万平方米教师和学生用房，建成承接校内超市、洗衣店、复印社、邮局、银行等服务业以及教师和学生公寓物业管理，既促进了高校内部管理和空间布局集约化，又为区街商业发展提供了载体，还建成了科技产业基地20万平方米以上，开工建设赤峰路科技街、政通路留学生餐饮街、北苑文化休闲街等三条特色街，拿出一批实职岗位让高校教师来区挂职并鼓励优秀人才留在区工作。2004年开始围绕高校百年校庆，做到舍得腾出最好的土地支持大学就地就近拓展、舍得把商业和地产项目让出来建设大学科技园、舍得投入人力物力财力整治和美化大学周边环境。仅3所高校百年校庆期间区里就投入3个多亿，动迁周边居民1300多户、拆除违章建筑10多万平方米，高校周边被打造成杨浦最亮丽区域。

截止到2020年底共建成7家国家级大学科技园和13家专业科技园，园区面积从2002年不到30万平方米拓展到182万平方米，有8000多家中小创科技企业集聚发展，打造出环同济知识经济圈成为知识经济最具说服力的转型经典案例。早在20世纪80年代初同济校区赤峰路上就出现了与土木建筑学科相关发展迅速的新业态，2000年区里总结这一现象把赤峰路规划为特色街区，2005年区校联手把同济周围4条马路总长不足3千米、面积2.64平方千米的区域规划建设环同济知识经济圈，按照依托优势学科、政府规划引导、市场开发运作、引进行业骨干、中小企业集聚、国际化提升模式，全力打造创意和设计产业、国际工程咨询服务业、新能源新材料与环保科技三大产业集群链和生态圈。2009年4月被国家命名为首个以现代服务业为主的特色产业基地，到2020年底核心圈范围内有楼宇载体31个，商办总面积106.98万平方米，总产出达到495亿元规模，集聚的上千家企业呈现3个80%的特点，80%跟同济师生相关、80%与建筑设计相关、80%订单来自上海以外地区，成为杨浦区每平方千米单位面积产出最高区域。

完善区域创新要素与汇集三种创新模式结合。围绕引导高校知识溢出产业化，探索建立了政府引导基金、股权投资、融资担保、小额贷款公司、创新金融产品、推进上市等科技金融服务体系，推广了以联络员＋创业员＋创业导师为引导，集合专业服务、公共服务、融资服务等平台支撑的"创业苗圃—孵化器—加速器"科技成果孵化体系，构建了知识产权学院、知识产权法庭、知识产权园、高校技术市场和知识产权抵押、股权激励试点等知识产权交易保护体系，建立实施了财政返还、贴息、后补贴、产业发展专项扶持资金、政府购买服务等政策支持体系，还引进硅谷银行等国外优质创新要素完善创新生态，国家倡导的原始创新、集成创新、引进消化吸收再创新三种创新模式汇集杨浦，科技园承载着创新要素汇集和服务功能，因此有别于商业商务楼宇经济概念，由此打造出大连路总部集聚区、中国（上海）创业者公共实训基地和杨浦科创中心，成为具有功能引领性和群体性转型经典案例。其中大连路集聚了西门子、大陆集团、安莉芳、李尔等跨国公司和行业领军企业成为总部集聚区，实训基地临近五角场地区建筑面积11.48万平方米，成为创业产品实验试制、模拟公司创业和职业技能实训与国际培训平台，杨浦科技创业中心成为国内首家拥有贷款和投资功能的企业孵化器，被誉为全国孵化器发展"杨浦模式"。

搞活国有企业与发展新兴产业结合。创新载体和创新要素的成长激活了国有企业存量，传统国有企业出现了四种转身方式：有比较优势的传统企业，通过技术改造实现了做大做强，成为行业有影响力的领军企业，比如烟草、柴油机、精密机床、工具制造等；不具有比较优势但仍有市场前景的退城进郊，通过老厂房旧仓库转让变现，利用土地级差退出城区转到郊区异地建厂，比如自行车、缝纫机等轻工纺织企业；没有发展优势不能继续经营的退二进三，利用存量资源发展现代服务业和创意产业，比如水产、纺控、钢琴、手表等企业；高污染高能耗和严重危困企业实施关停腾出空间发展新兴产业。与此同时，按照城市发展需要催生了卫百辛等六大平台经管型区属国企集团，分别承接旧改拆迁、固定资产运营、产业发展引领、土地收储、投融资和重点区域开发等政府行为市场化运作。传统国企闲置土地和厂房等沉没资本，不仅得到变现增值而且成为可再生资源，下岗失业职工也有了基本生活保障和新的就业岗位，"两个依托"思路因此落地国有企业实现了整体搞活，杨浦科教用地也从4.2平方千米拓展到7平方千米，打造出专业特色鲜明的众多科技园区群体、渔人码头国际广场和时尚中心成为内涵式集约化发展的转型经典案例群体，其中渔人码头和国际时尚中心是两个退二进三项目，众多科技园区成为科技成果孵化转化和产业化载体、各类创新要素和技术服务集聚平台、创新创业和大学生实践基地、区域经济社会发展引擎和亮点，城区形态和业态在新旧动能转换中完成了历史变迁。

4.三城融合资源重组，破除围墙提升功能。把城市作为生命有机体，依托传统产城放大学城融入创城。统筹空间规模产业三大结构。把做大高校创新动力源和科技园区载体与传统企业优胜劣汰结合起来，从具有转型特征的优先发展知识型生产性现代服务业、优先发展高新技术产业和调整提升都市型产业、稳步提升基础性服务业"两个优先和两个提升"起步，聚焦发展人工智能、工业互联网、区块链、位置物联网、数字化五大先导产业，发展壮大现代设计、新能源交通、科技专业服务、体育健康、低碳环保绿色经济五大优势产业，赋能提升商贸服务和都市生产制造两大基础产业，逐步构建和完善以创新经济为引领、服务经济为核心、特色品牌为支撑的现代产业体系。

杨浦产业地图基本形成了三大板块：第一个板块是以传统产业系统升级改造为标志的先进制造业板块，这些企业经过不间断的技术升级和企业组织结构调整，已经全面进入信息化和数字化发展轨道，出现一批精密制造和人工智能领域行业排头兵企业。第二个板块是以科技园区和重点功能区孕育的"五型经济"板块，包括体现策源功能的创新型经济、充分应用新技术和数字化的服务型经济、链接国际国内的开放型经济、多功能高能级的总部型经济、传统线下流量和新型线上流量并重的流量型经济，这些新兴行业依托来自高校和外部创新要素集聚转化生成的企业组织，成为发展新锐带动着广泛的产学研合作和新技术新业态新模式新产业应用，由此诞生了上海在线新经济生态园，在线新经济在杨浦滨江等地集聚发展势头逐年增高。到"十三五"末区内高新技术企业已达到978家，上市挂牌企业数从2010年3家增加到106家，这些互联网+企业也是在线新经济主力军，在远程办公、在线文娱、直播经济、无接触物流等领域发挥示范带动效应，涌现出一批独角兽和隐形冠军企业。第三个板块是以历史遗存再生为标志的文化创意产业和都市工业，把老厂房老建筑老街区老品牌注入科技和文化内涵，推进传统产业线上平台与线下场景体验融合形成新的竞争优势，发展一批头部总部企业和地标商业商圈，带动传统产业升级和技术成果转化应用。

统筹生产生活生态三大布局。按照城市是人口集聚地与人流物流和财富密集地属性，围绕生产和生活布局生态打造宜业宜创宜居环境，选择新江湾地区建设国际化生态社区、长白新村以老建筑保留更新为内容打造宜居宜创活力社区、滨江带以高起点城市更新为目标配套嵌入公园绿地和社会微治理元素，并围绕提升社区综合服务功能打造15分钟社区生活圈。发展知识经济推动新旧动能转换。围绕发展高新技术产业，大力发展要素市场和平台型企业，组建了东部技术转移中心、技术交易市场、能源交易市场等要素市场和各类要素交易平台，形成了科技成果从人才到研发再到孵化和产业化全过程完整产业生态服务链。加大基础设施建设和环境更新改造。由于历史欠账过多老城区基础设施相当落后，2013年10月8日受强台风影响杨浦发生了1961年以来特大降雨导致城区严重积水出现"内涝"，2016年1月24日又遭遇几十年不遇连续低温冰冻天气导致居民水管冻裂生活用水告急，市政基础设施改造迫在眉睫任务艰巨。区委提出基础设施抓双十口号，采取每年开工10项竣工10项持续滚动推进，从路桥轨隧水电六大系统补短板。经过持续发力到"十三五"末区域路网密度达到5.38千米/平方千米、轨道交通线网密度0.61千米/平方千米、人均公园绿地面积3.79平方米、空气质量优良率89.6%。

统筹规划建设管理三大环节。随着转型深入在不断细化完善空间布局和产业发展规划、持续保持大开发大建设城市更新局面的同时，2013年和2014年按照市委统一部署，区委把合理控制人口规模优化人口结构、创新社会治理加强基层建设分别作为年度重点调研课题，以此为基础把创建上海市文明城区和创建全国卫生区作为抓手，对标创文创卫指标举全区之力开展精细化管理提升环境竞争力攻坚战,集中开展了垃圾道封堵、无序设摊、"五小"行业、农贸市场、城中村、居民区、河道、无主道路、绿化带清洁、违法建筑拆除、环卫设施整修、户外广告、门责管理、机动车乱停放等17个方面专项整治会战,并制定实施三年行动计划统筹推进街区社区整治、自来水管网改造、生活垃圾分类和智慧城市建设。经过一年多奋战,2016年初顺利通过全国卫生城区和上海市文明城区验收,城区环境和面貌得到显著提升,正在接续发力冲刺创建全国文明城区。

5. 始终坚持人民至上,破立结合"两手抓"。按照共建共享和命运共同体发展理念,把持续改善民生作为起点和落脚点。密切干群关系构筑转型共同体。转型之初针对下岗和救助群体多的实际,区委从解决群众急难愁问题入手,2004年开始陆续推出大众浴室、放心菜场、平价药房、公益电影、帮困保险、阳光之家等一批民生实事项目,建立干部一对一帮困助学和节日捐献等结对子帮扶工作机制,对全区失业无业协保人员上门逐户调查帮助实现就业,六年新增就业岗位30万个,并在全市首创"六公开"阳光动迁新机制。2005年开始实施"一线工作法",全区近千名公务员在局级和处级干部带领下每月统一时间进入居民区,了解和反馈解决群众急难愁问题,与居委干部群众面对面交流和对接,宣传政策增强信心帮助群众共度时艰,提高干部的群众观念和解决实际问题能力,在化解群众困难和社会矛盾中密切党群和干群关系。实事项目、结对帮困、就业解困、阳光拆迁、一线工作法成为转型阵痛期具有托底保障功效的五大抓手,其中延续至今的一线工作法是创新基层治理和群众工作的转型经典案例。

完善民生保障推进公共服务有效供给。把旧区改造既作为发展又作为民生问题统筹谋划,通过拆除重建和综合配套改造,持续改善人居环境和居住品质,并通过创业带就业推动高质量充分就业。旧区和旧住房改造自20世纪90年代开始启动,全区有二级旧里以下房屋385万平方米14.3万多户、不成套职工住宅126万平方米,号称"天下第一难"的旧改已经到收官结尾阶段。140万平方米30万户的旧住房，自2003年启动抽户改建煤卫配套完成了第一轮户的单元改造，正在开展小区基础设施和环境综合配套改造。应对人口老龄化和养老服务方面，构建形成了以区福利院为龙头示范、社区养老服务站点为依托、民办养老机构为补充的居家、社区和机构相协调的医养结合体系，大力发展社区嵌入式养老服务，推出睦邻小厨社区助餐服务、家庭照护床位、智慧养老场景服务、长护险等项目。解决上学难和看病难等问题，发挥高校辐射带动作用推动基础教育布局和能级提升，通过实施"三名工程"推进优质教育资源均等化并向学前教育延伸，形成以高校为龙头、高校附中和重点校为基础教育骨干、学前教育为依托、民办和职业技术教育为补充的完整均衡分布体系。公共医疗服务一手抓高端引领做大做强公办三甲医院、一手抓便民完善基层社区卫生服务中心、中间抓区级综合医院和专科医院，构建分层次广覆盖医疗健康服务体系。社区建设和治理方面，按照市委、市政府2007年6月全面推进社区事务受理服务、卫生服务、文化活动三个中心建设的部署，把三个中心建设纳入年度政府实事项目推进，2014年开始结合市委创新社会治理、加强基层建设课题研究，解决了社区人才队伍待遇和体制机制等难题，并建立后续工作推进和跟踪落实机制，探索建立起以睦邻中心为枢纽的社区睦邻文化全覆盖体系，推进社区政工师、规划师、健康师和党建顾问、法治顾问、社会治理顾问"三师三顾问"协同治理，完善社区自治和共治机制。

优化制度供给和营商环境提升治理效能。2013年9月29日，上海自贸区正式挂牌日推出2013年版负面清单，杨浦主动对接2014年3月启动权力清单梳理，10月《杨浦区行政权力目录（2014年度版）》分三批在政府门户网站公开，成为全市首个"晒"出行政权力目录的区级政府，实行清单之内要做好清单之外再无权。2016年开始启动"互联网＋政务服务"和政务服务"一网通办"优化营商环境，已实现全区审批事项上网率和"最多跑一次"事项比例达到两个100%。2020年开始按照全市统一部署，开展"一网统管"三级平台五级应用基本架构建设,用政务服务"一网通办"和城市运行"一网统管"两张网推进城市管理服务效能和精细化。还制定形成了"1+6+4"产业政策框架聚焦重点产业,出台了双创小巨人、总部经济、新一代人工智能及大数据、区块链、科技园高质量发展、数字经济和在线新经济等一批专项政策,发布实施双创人才政策新十六条。

三、价值:五条经验和五点启示

杨浦转型第二阶段即将收尾转段前,2008年9月科技部作为当年科技发展重大问题研究项目,推出了《上海杨浦推动老工业城区向知识创新城区转变的研究》。报告从杨浦发展的成功首先在于激活了科技和教育资源、把发展知识型产业同老城区改造紧密结合起来、围绕高校促进创新创业集群发展、把创新机制作为政府推动创新型城区建设的主要职责、让社区市民分享创新成果等五个方面总结经验做法,认为"虽然只有五年的时间,但是已经取得了明显的成效,跨过了发达国家城区转型发展的十几年、几十年路程,为促进传统工业城区转型、落实建设创新型国家战略、构建社会主义和谐社会提供了宝贵的经验,建议将杨浦列为国家创新型示范城区,积极探索一个在区域层面落实科学发展观、推进创新型国家建设的新模式"。第二年10月12日科技部领导带队来杨浦调研,认为杨浦的经验至少是对于全国的大中城市特别是智力和科技资源比较集聚区域是有借鉴作用的、对于传统老工业基地向科技创新型区域转型是很有意义的、对于政府部门由管理型政府向服务型政府转变也是有重要意义的。

社会各界也给予了极高评价。著名学者余秋雨2010年2月10日与上戏领导班子成员来杨浦参观后认为:杨浦的工作是有魂的,有自己的理念和哲学,这个"魂"会成为解读上海乃至全国改造的钥匙。余秋雨和上戏领导班子来杨浦参观考察的背后,是杨浦要把上戏引入填补区内高校没有艺术和文化学科空白。按照当年上海高校布局调整规划,上戏原本也要迁往浦东,复旦没迁有江湾校区解决了拓展问题,而上戏没迁却始终没能解决空间拓展问题。余秋雨离开两天后,《杨浦时报》以"区校联动让艺和文化深入杨浦"为题报道：余秋雨先生极力赞成上海戏剧学院到杨浦来发展，希望上戏和杨浦深化合作丰富知识创新杨浦的文化内涵。遗憾的是上戏新校区没能落户杨浦而是选择闵行浦江镇建设新校区，2019年9月新学季开始正式启用。静安区之所以能够成为上海最具品质的城区，除了历史积淀原因外与上戏这个源头的影响带动是分不开的，城市与大学的关系确实是城市孕育了大学、大学滋养着城市。这段就要瓜熟蒂落却又擦肩而过的故事，只是杨浦转型众多开创之举的遗憾之一，已经取得的成果是建立在大量锲而不舍的努力基础之上。回望杨浦转型走过的20多年，那些人、那些事、那些日子，无疑将会给人很多感召和启示，总结下来主要有五点：

1.杨浦转型是党领导的中国特色社会主义伟大事业的时代缩影。邓小平同志曾经指出，底子薄、人口多、生产力落后，这是中国的现实国情，党据此做出社会主义初级阶段的重要论断。党的十九大报告指出："我国仍处于并将长期处于社会主义初级阶段的基本国情没有变，我国是世界最大发展中国家的国际地位没有变。全党要牢牢把握社会主义初级阶段这个基本国情，牢牢立足社会主义初级阶段这个最大实际，牢牢坚持党的基本路线这个党和国家的生命线、人民的幸福线。"[1]杨浦转型之初的区情状况，同样是人口多、底子薄、生产力落后、困难群体多。面对初级阶段的国情和区情特点，市区两级地方党委把党在社会主义初级阶段的基本路线，与杨浦实际紧密结合自觉站在时代发展的前列肩负起领导核心作用，组织和带领杨浦干部群众以摆脱落后与贫困和加快发展实现振兴为主线，始终牢记发展这个党执政兴国的第一要务，坚持走改革开放之路，围绕解放和发展社会生产力做出了诸多探索与尝试，终于找到并确定了依托区域内高校带动城区发展之路，千方百计地整合和聚集各种资源和力

---

[1] 习近平：《决胜全面建成小康社会 夺取新时代中国特色社会主义伟大胜利——在中国共产党第十九次全国代表大会上的报告》，《人民日报》2017年10月28日。

量,调动各方面积极力量做足高校与高科技题材这篇大文章,激活和汇集了政府、高校、科研院所、国有企业、驻军部队、跨国公司、民间社会资本乃至居民群众等政府、市场和社会三个方面多方参与共建共享共赢的积极性,形成了声势浩大前所未有的创新创造和建设力量,在杨浦老城区合力展开了一场转型发展和优势再造攻坚战,万众一心大规模开发建设现代产业载体系统更新改造城市基础设施努力修复生态环境,推动了城市产业结构、人居环境、组织形态、就业岗位、劳动条件、劳动技能和劳动收入的全面进步与历史变迁,吸引了高校师生、科研人员、外籍高端人才、投资人和经纪人、大学毕业生和海归等创新创业者、产业职工、下岗职工和外来务工者来杨浦创业和生活,人才队伍的不断壮大和多元多样化格局带动了社会各阶层人士的思想观念、生活方式、生活质量和文明程度等综合素质提升,实现了人与自然、人与环境、人与人的和谐相处和城市的稳步有序运行,城区综合实力和活力以及城市面貌发生了翻天覆地的变化,老城区在凤凰涅槃中释放出时代活力和魅力,彻底告别和甩掉了贫困落后帽子,实现了城市让生活更美好的目标,杨浦人民切身感受和分享体验到了中国特色社会主义道路的时代魅力。

2.杨浦转型是党的领导能力、领导艺术和领导方法的生动呈现。党走过的革命、建设和改革之路,从来都是在没有准备和条件不充分状态下起步的,是带着责任和使命一路披荆斩棘走过来的,始终能够站在时代发展前列带领人民群众不断走向光明和胜利,是党的先进性和巨大包容转化能力的体现,也是党长盛不衰的基因和密码。杨浦转型同党走过的路一样,也是在没有准备和条件不充分情况下起步的。面对传统产业落后市场败阵、国企大片关停倒闭、职工下岗失业、群众成群结队上访、责难发泄杂音不绝,能不能把人民群众从困境中拯救出来,考验着地方党组织的领导能力。区委紧紧依靠市委的强有力领导历经曲折,在全国率先提出走高校带动城区发展之路,抓住理念、战略、规划、项目、点和面六大要素,用理念引领战略和规划、用规划绘就蓝图和集聚人气、用人气引来资源和项目推动发展，点上破题面上放大、以点带面滚动积累，不断积小胜为大胜最终取得完胜，逐步摆脱传统理念依赖、模式依赖、路径依赖、动能依赖和格局依赖，走出了一条没有先例可循的全新可持续发展之路，实现了凤凰涅槃式的脱胎换骨蜕变。党成立之初没有自己的政权、军队和经济来源，是从传播马克思主义和开展工人运动起步，从共产主义者小组到一大宣告成立只有13名代表50多名党员，随后惨遭血洗镇压和围剿一路披荆斩棘却不断发展壮大，最终夺取政权建立了新中国并长期执政成为世界最大的政党，党究竟是靠什么领导中国革命、建设和改革，并且不断从胜利走向胜利的？无一不是运用理想和梦想、战略和策略、规划和蓝图、重点攻坚和面上推广普及的领导方式和方法，通过"毫无例外地组织起来"，把一盘散沙凝聚成合力，一步一步脚踏实地改变现状，凭借顽强意志和斗争精神靠艰苦奋斗走过来的，这也是中国共产党为什么能的真谛。杨浦转型20年巨变集中运用了党领导全国人民开展斗争的战略战术以及智慧和手段，包括战略大转移、辽沈攻坚、淮海总动员、北平和谈、统战联合、五湖四海揽人、迂回包抄、围点打援、派遣侦察连、组建尖刀班、培育堡垒户、发送宣传单、会战总动员、培树典型、标语口号、两手抓、命运共同体等等。时任市委书记韩正指出：杨浦的工作突破口就是"三区联动"走出一条新路。为什么成功？路子对头。为什么能取得成效？一张蓝图绘到底，一棒接着一棒，一届接着一届这么干下来，因此走出了一条老工业城区转型升级道路。这条路走得精彩，而且确确实实走出了杨浦的特点，是转型升级的路子，而且跨越度比较大、科技含量比较高，杨浦走的路是好的。

3.杨浦转型是国家治理体系和治理能力现代化的践行窗口。党的十八届三中全会把完善和发展中国特色社会主义制度、推进国家治理体系和治理能力现代化确定为全面深化改革的总目标，理论界有学者认为这是我们党继工业、农业、国防、科技四个现代化之后提出的第五个现代化。十九届四中全会通过的《中共中央关于坚持和完善中国特色社会主义制度 推进国家治理体系和治理能力现代化若干重大问题的决定》，明确中国特色社会主义制度由13个方面显著优势构筑起"中国之治"的制度密码和图谱，其中的很多关键要素和属性在杨浦转型探索中都留有浓彩重笔的实践验证。这里重点介绍如何善用智库推动工作。前面介绍杨浦转型走过的历程时，每次转段都是课题先行规划跟进和项目落地，这种工作方法就是发挥智库作用的结果。早在转型启动之初区委就邀请市发展研究中心帮助开展功能定位研究和谋划建设杨浦大学城构想，市委专题会议后又请市规划设计院牵头与社科院复旦同济等高校专家开展规划纲要研究，接下来国家创新型城区、国家"千人计划"基地、"十二五""十三五"规划，几乎每项重大举措推出都包含着智库贡献。发挥智库作用要掌握前期启动和后期转化两个环节，前期主要是帮助智库备课把底数摸清情况搞透，后期主要是完成作业对智库成果深化和转化成为工作方案或行动计划，然后组织座谈论证完善，必要时还要开展大讨论活动，形成最终成果转入决策程序研究组织实施。运用和发挥智库作用的过程，既是开阔视野提高专业水准的过程，也是集中民智形成共识为推动工作提供思想和认识准备的过程，这里包含了四中全会《决定》中明确的：党的集中统一领导、社会主义民主政治、社会组织动员、依靠人民发展、一盘棋集中力量办大事、铸牢共同体意识、巩固共同思想基础、坚持共建共治共享和依法执政等诸多要素。2015年1月20日新华社全文发布中共中央办公厅、国务院办公厅印发的《关于加强中国特色新型智库建设的意见》，要求各地区各有关部门结合实际制定具体办法。杨浦此时已经建立起智库铺路课题先行机制跟进决策转化的常态化工作机制，运用智库已经从区级决策和咨询层面向街道实战应用层面延伸，朝着治理体系和治理能力现代化方向稳步推进。

4.杨浦转型是共产党人在改革开放征程上精神风貌的集中展示。杨浦像东北老工业基地一样，浦东开发开放并没有意识到带来的巨大挑战，地方习惯依靠国有企业满足"小富即安"现状，国有企业习惯"大锅饭"过优越日子，当企业产品由畅转滞积压变库存无力再生产时，企业开始发不出工资陆续停产半停产直到关门倒闭，职工没了收入开始上访讨薪，此时才普遍感到"狼真的来了"。发展落伍是结果观念落后是根本，只有转变观念善于困境中看到希望找到出路，杨浦转型才有基础和支撑。从1999年到2020年，杨浦始终把干部队伍和人才队伍建设以及群众工作放到非常重要位置，坚持用增量调动存量、用干部带动群众、用人才推动发展。依托高校带动时期从高校引进一批专业干部推动区校融合，知识创新区时期从全国引来一批处级干部，创新型城区时期从市直机关职能部门引进一批处级干部，双创示范时期开始走进名校招揽选调生和高素质人才。五个阶段每一段都按工作所需引进相应外部人才，并采取上挂市级对口机关和高校、下派街镇科技园区和重点岗位的双向互挂机制，再加海外培训轮训等方式，同时大力倡导以"四敢精神"为核心的价值文化，积极培树典型用榜样示范和引领带动，不断提振干部队伍的精气神和精神状态，始终保持队伍活力和先进性，"既不走封闭僵化的老路，也不走改旗易帜的邪路"，始终把创新作为城区发展的主线不变，硬是从无到有从小到大以点带面从局部优化走向全面振兴，走出了能级不断提升影响力不断刷新创新越走越宽广之路，这条道路的本质就是马克思主义中国化时代化的缩影，是上海战略和国家创新战略的杨浦实践化。

5. 杨浦转型是习近平新时代中国特色社会主义思想的实践写照。习近平新时代中国特色社会主义思想博大精深是完整的思想理论体系，其中的关键词包括不忘初心牢记使命、从富起来到强起来、社会主要矛盾已经转化、根本任务仍然是解放和发展社会生产力、转换增长动力推动高质量发展、实现"两个一百年"奋斗目标的中国梦、"一带一路"倡议、构建人类命运共同体等重大战略思想和论断。社会主要矛盾发生转化的条件和依据是，中国经济总量2010年以来稳居世界第二位，人民生活水平显著提高解决了十几亿人的温饱问题，消费结构已从数量满足型转向追求质量型。杨浦走上创新之路经过20年赶超跨越，社会主要矛盾已经发生转化的特征在杨浦体现明显，同样面临着如何从富起来到强起来、解决发展不平衡不充分、推动高质量发展等一系列现实问题。大而不强富而不强体现在中心城区面积最大人口最多，虽然区级财政收入增幅排在前位而总量却位居后面，恰好说明尽管自身发展呈现大幅度跨越，但总量居后意味着人均财力和土地单位面积产出落后，背后隐含的是产业结构不优经济发展质量不高，尽管20年来不遗余力地推进现代新兴产业载体建设，但科技园区的产出水平较低、有拉动和支撑能力的优势企业缺位，虽然西部核心区创新经济走廊初具形态、中部提升区创客生态已经产生影响力，但东部战略区滨江国际创新带建设尚未破题，发展不平衡不充分问题还很突出，城区基础设施改造和环境提升任务还很繁重。2018年开始的中美贸易战充满了戏剧性但本质是科技战和未来战，由此更验证了中国选择建设创新型国家战略切中复兴要害，就像习近平总书记讲的"中国要强盛、要复兴，就一定要大力发展科学技术，努力成为世界主要科学中心和创新高地"；"关键核心技术是要不来、买不来、讨不来的"；"努力实现关键核心技术自主可控，把创新主动权、发展主动权牢牢掌握在自己手中"；"在关键领域、卡脖子的地方下大功夫"。[①] 市委主要领导也指出，上海需要某种"无中生有"的方式来为未来赢得新的机会，必须善于战略运作、善于无中生有、善于借势发力、善于点石成金。杨浦转型之路就是通过某种"无中生有"方式实现颠覆性创新、赢得未来的弯道超车之路，也是党的十九届五中全会强调的坚持系统观念，加强前瞻性思考、全局性谋划、战略性布局、整体性推进，以及弘扬科学精神和工匠精神的生动实践写照。

上海"十四五"规划明确提出"上海将以更加瑰丽、伟岸、多彩的身姿昂首屹立于世界东方，成为我国社会主义现代化国家版图中最具国际范、中国风、江南韵的城市标杆"，加快形成"中心辐射、两翼齐飞、新城发力、南北转型"的空间新格局。南北转型指北部宝山和南部金山两

[①]《瞄准世界科技前沿引领科技发展方向　抢占先机迎难而上建设世界科技强国》，《人民日报》2018年5月29日。

区，宝山将打造成为全市科技创新中心建设主阵地之一，金山将打造成为上海制造重要承载区和科创成果转化区。这是杨浦转型经验的放大升级版。回顾杨浦转型走过的道路，第一个十年是以脱困为目标，通过高校带动城区发展走出了旧城改造道路；第二个十年是以国家创新战略为目标，通过创新创业走出了资源再生城市更新道路。那么，"十四五"开始将进入临门收尾，正在以建设"四高"城区为目标，通过策源地和枢纽门户功能，走出创新引领"大杨浦"复兴之路。这条发展之路与党提出的第二个百年奋斗目标是同步和一脉相承的，杨浦正走在国家创新战略的前列。

三、调研报告

2011 年 11 月 16 日，习近平总书记在中央党校秋季学期第二批入学学员开学典礼上发表了《谈谈调查研究》专题讲话，并指出"调查研究是做好领导工作的一项基本功，调查研究能力是领导干部整体素质和能力的一个组成部分"，"调查研究的过程，是领导干部提高认识能力、判断能力和工作能力的过程"，"是对客观实际情况的调查了解和分析研究，目的是把事情的真相和全貌调查清楚，把问题的本质和规律把握准确，把解决问题的思路和对策研究透彻"，"一定要从群众中来、到群众中去，广泛听取群众意见"，"必须坚持实事求是的原则，树立求真务实的作风，具有追求真理、修正错误的勇气"，"必须把调查研究贯穿于决策的全过程，真正成为决策的必经程序"[①]等重要论断，把调查研究提升到一个全新的领域和境界。

调研报告是党政机关指导推进工作的常用文体，是开展调查研究深入现场问计于民的收获和总结，是为接下来谋划和推进工作提供的基础

[①] 《谈谈调查研究》，《学习时报》2011 年 11 月 21 日。

和依据。做好调查研究，要抓住调查和研究这两个至关重要的环节。调查是基础和前提，也是首要环节，形成的报告实不实、接不接地气取决于这个环节。通常采取面对面访谈、召开座谈会、搜集资料和台账、发放问卷等形式，尽可能多地了解和掌握情况占有材料。这个环节拿到全面客观的第一手材料至关重要，要防止浅尝辄止和以偏概全。研究环节是决定成果质量的关键，要关起门来查找相关政策和文献资料、前沿理论和相关做法，静下心来对调查得来的材料进行鉴别和分类梳理，经过"去粗取精、去伪存真、由此及彼、由表及里"的过程，从事物发展的不同阶段找出起支配作用的关键元素，揭示内在规律、概括观点、选取对策措施，这个过程就是从感性到理性完成认识飞跃的过程，然后再按照公文写作流程展开布局谋篇和材料组织完成报告。初稿形成后还要推敲论证、反馈调查对象做补充订正，需要的话还要安排座谈会听取相关部门、专家学者、基层单位的意见和建议，最后提交部门主要领导或以会议方式讨论完善，形成决策建议转入后续深化和拟制行政公文，然后发布公文和组织实施。

写作调研报告要突出对事实的叙述和说明，为深入展开议论和评论提供论据基础。议论和评论是观点也是论点，来自于理论和政策支撑的领会和研判，是论据的"画龙点睛"之笔，只有把与调研内容和对象相关的理论与政策吃透，才能有的放矢作出有感而发的评价和论断。要合理摆布和处理好论点与论据、叙事与议论之间的关系，采取夹叙夹议、叙议结合的手法，有叙有议而且叙要大于议。如果议大于叙就容易写成议论文，或是根基不牢空发议论；如果只叙不议或叙议脱节，就会观点不鲜明缺少论点和灵魂，变成材料的堆积不得要领。要始终把握调研报告的价值和根本目的是面向实践和指导实践，是通过实践论和认识论的结合找到方法论，用以开展工作推动实践的发展变化，既不是为了单纯讲述调查得来的故事，也不是调查归来空发议论感想做场外评论员，而是紧紧落到解决问题推动工作这个根本目的和功效上，因此叙是为了议、议是为了行，知行合一才是调查研究的最终目的和成果。

例文解析

本篇例文《国家创新型城区建设的重要战略支点》，是作者带领区创新办工作团队走访科技园区和主管部门调研完成的专题调研报告。区委主要领导收到报告当天就作出批示，要求区政府主要领导和分管领导参阅，随后深入到主管部门专题调研，接着又召开科技园区政策调整专题调研会，提出要强化对科技园区建设发展情况的再评估再分析，确保科技园区的建设质量，并确定区发改委对科技园区开展政策梳理。2014年5月区政府推出产业政策新政2.0版。科技园区在经历了政策鼓励扩张式发展后，进入了关注发展运行质量阶段。

这篇报告的格式体例遵循调研报告类体裁的常规结构，按照三段论布局谋篇，由价值作用、存在主要问题和原因对策三个部分构成。采取用调查环节掌握的情况，经过梳理研判得出的结论作为观点立题，然后再分层立论展开叙事，把事与理、论据与论点紧密结合对应，形成了逻辑关系严谨、立场观点鲜明、具有评估指导价值的报告，为后续政策调整和工作推进提供了方向和依据。调研报告作为调查研究的成果，在机关履行职责、开展公务活动的运行机制中，具有基础和根基作用，是指导推进工作、开展行政活动派出的"侦察连"，也是行政公文诞生的根基和源泉。

科技园区建设是杨浦转型倾力打造的产业载体，也是新的经济增长点。本文是杨浦第一次对科技园区建设做系统调研和评估，抓住科技园区发展中的成绩和存在的问题，着眼于发挥带动区域发展更大作用，进行全面总结分析具有很强的针对性，因此引起领导高度关注以及后续工作跟进。2015年4月9日，市政府主要领导考察杨浦时指出，杨浦这么多科技园区要形成一个协同创新网络。5月25日，市委十届八次全会文件明确要求，杨浦建设万众创新示范区要"提升大学科技园区的发展能级"。发展具有延续性和阶段性特征，总是伴随着旧的问题解决和新的问题出现进步的，调查研究具有永恒的生命力。

【例文3】

国家创新型城区建设的重要战略支点[①]

区委对试点城区建设当前所处方位作出研判,指出转型只能说刚走出第一步,未来要走在前列还要以更高的定位和目标来明确建设任务。6月12日区创新办集中3周时间,深入到8家大学科技园、3家专业科技园和区有关部门,围绕科技园区运营情况和提升区域创新发展能力,做了比较系统的调查研究。感到杨浦科技园区走过了从无到有之路,现已形成一定规模和影响,应更加重视和研究科技园区发展中出现的问题,使其真正成为创新型城区建设的重要战略支点和区域发展的引擎与新的增长点。

一、经过十几年的培育和发展,科技园区为杨浦转型发展起到了重要的支撑和推动作用

杨浦科技园区伴随着城区转型起步,从20世纪末历经10多年发展,已从最初校办三产改制为股权多元的独立法人。科技部和教育部2011年对全国86家国家大学科技园区开展评估认证,围绕园区服务与运营、创新绩效、成果转化能力、孵化绩效、人才培养与集聚、社会贡献等内容,评出17家A类园区杨浦有复旦、上理工和同济科技园3家、47家B类园区杨浦有财大和电力科技园2家。

(一)科技园区已成为科技成果孵化转化和产业化重要载体。杨浦科技园区特别是大学科技园特色鲜明,是依托高校特色和学科优势,定位于知识溢出转化为社会生产力,通过区校共建联动方式培育发展,搭建面向社会开展技术转移、成果转化、人才集聚的创新创业载体,培育和成长

[①] 摘自杨浦区国家创新型城区建设办公室2012年7月21日的专题调研报告,副标题是"关于杨浦科技园区发展状况的调查报告",后由中共上海市杨浦区委党校官网全文转发。

起来的一批科技型企业，承担起技术与市场对接使命，推动了科技成果转化、产学研一体化和高校开放办学。高校以及学科特点的差异性，带来科技园区产业错位发展，形成了各具特色、市场化分工的复旦软件信息技术、同济土木工程设计、上理工光电一体化、财大科技金融等专业化科技园区，园区集聚的企业大多都有高校优势学科为背景支撑属于头脑型研发类企业，这些企业背靠大学、面向市场，表现出良好成长性和竞争活力，是高新技术产业和战略性新兴产业的孕育沃土。据2011年统计数据显示，全区5077家科技企业绝大部分集聚在科技园区内，全年共获得434项专利授权同比增长231%，其中发明专利242项。以上理工科技园技术转移服务为例，2011年完成技术转移项目合同金额3834.89万元、实现收入235.99万元，园区旁的上海高校技术市场也呈现交易活跃之势，2011年组织各类产学研合作活动50余次，合同登记数4018项同比增长21.1%，合同总金额11.12亿元同比增长35.1%。

（二）科技园区已成为各类创新要素和技术服务平台集聚地。科技园由于聚集在大学周边紧贴创新源，促进了大学与企业之间双向互动和创新链的形成，因此成为创新活动最活跃的高新技术企业密集区。科技园区主要承载三个方面服务功能：企业工商注册、税收代理、年检登记、物业管理等基础服务，以及专业技术服务设备与平台、优势学科和人才为依托的专业服务，还有各类专项基金和资金以及政策支持为纽带的融资服务。高校科研成果、公共实验室、科技金融、创业培训、项目申报、科技联络员、人力资源开发、市场推广、专业中介、财务代理等创新服务要素，在科技园区实现了市场化供需有效对接，高校通过科技园区间接进入市场，创新和创业在园区与校区之间传递和循环。比如电力学院通过与科技园共同出资400多万元，引进国际最先进的模拟仿真平台，对高校内部承担实验室概念，对外向企业和社会开放，采取子公司项目法人化市场运作，既提高了设备使用率，又提升了园区服务能级，上半年建设完成后预计今年就可达到近300万元运营收入。还有财大科技园银行贷款数据库和中小企业信用贷款软件系统2个项目,就是把学校博士团队研发成果引入园区,迅速实现了项目市场化运作和专业团队运营支持,已为工商银行购买采用,财大科技园因此拿到了上海唯一一家金融外包专业园区资质。

(三)科技园区已成为创新创业和大学生实践基地。创业中心探索形成的以联络员+创业员+创业导师为引导、各类基金与专项资金和政策支持为支点、针对不同成长阶段需求的创业苗圃—孵化器—加速器接力式成果转化和专业孵化模式,已经成功进入各大学科技园区作为服务手段,因此出现了有区域特色的"创业杨浦"品牌。其中,创业苗圃提供 idea 团队零成本创业和专家指导,孵化器帮助有发展潜力的项目团队低成本开办公司提供专业服务,加速器通过资本引导和对接给予成长中的科技型企业快速发展机会。科技园区由此成为大学生勤工俭学和社会实践场所,为大学生搭建起了贯通学习—实践—就业—创业之"桥"。再加上海外人才基地平台和"3310"科技园区、创智天地、实训基地等专业载体,以及 YBC、创新工场团队、海外孵化模式"快创营"进入和小额担保公司、科技中介、天使基金等创新要素集聚,杨浦大学生创业、海外高层次创新创业人才回国创业服务已形成系列化、项目化、多元化服务体系。据统计,杨浦创业带动就业达到1:7.6远高于全市平均水平,大学生创业企业有近3900家约占全市1/2,并以每年新增近300家数量发展,涌现出一批青年创业典型。2011年夏季达沃斯论坛9名上海受邀创业青年有6名来自杨浦,今年1月召开的世界经济论坛瑞士年会全球邀请70位创业青年,中国6个名额中有3个来自杨浦,"创业杨浦"已成为杨浦特色和品牌。

(四)科技园区已成为区域经济社会发展引擎和亮点。杨浦科技园区虽然起步不是最早,但由于搭上了城区转型这班车因而进入发展快车道,短短十几年时间从无到有,现已拥有16家科技园区150多万平方米载体规模,其中大学科技园区有8家,这在老工业基地建成区是非常难能可贵的。科技园区之所以出现高歌猛进发展势头,一方面源于区域内高校集聚有内在需求和发展欲望,需要社会搭建知识溢出承接载体和对接平台。另一方面，传统产业淡出和老城区改造需要新的增长点和新业态替代，转型呼唤着城区形态和业态改变以及新兴产业成长，区校双方在各自需求和利益点上找到了结合点和纽带，由此催生了科技园区新形态和新业态迅猛成长。比较典型的例子是环同济知识经济圈建设。20世纪90年代初同济周边出现了一批依托建筑设计学科的中小企业集聚，2005年区校提出联手打造环同济知识经济圈构想，短短几年时间就形成了以建筑设计和检测为主要特色的完整产业链，规模从规划前的500多家企业到去年发展到近1700家，总产出达到180亿元，从业人员达到3万多人，成为上海国际创意设计之都的核心功能区。环同济知识经济圈带来的不仅是周边业态的改变，还有城区形态和面貌的改观。现在环同济周边当年地摊式商业环境已不再，一幢幢玻璃幕墙现代化办公楼宇林立，同济大学国家科技园区引领了周边建筑形态升级和人居环境的发展变迁。

二、成长过程中的科技园区，依然存在着体制和结构等深层次矛盾与问题

国内科技园区起步于20世纪80年代末、成长于90年代中期、发展于世纪之交，大致经历了三个历史发展阶段。初级阶段是单纯依靠房租、返税及房产投资发展，然后进入发展阶段以服务性收入为主、以服务换股份，接着进入成熟阶段以资本为纽带、建立独立运营管理模式。杨浦科技园区正处于以第一阶段为主、开始向第二阶段探索的发展时期，存在体制和结构等深层次矛盾与问题。

（一）管理体制仍然存在所有权与经营权"两权"尚未分离问题。尽管科技园区普遍实施了股份制改造和股权多元化重组，实行法人注册和独立核算，但依然维系着与大学的"脐带"关系，还有相当多的园区"新瓶装旧酒"，延续着校办三产模式运营。突出表现在园区法人代表身份双重两头兼职，没有与高校职务和工资待遇完全分离，甚至管理上依然划归校办公司，由校委会任命职务，股权多元下的股份制决策机构董事会、执行机构经营者之间，手续完备但却不发生实际作用，执行过程中有的还存在

常年不开董事会，基本是按经营者主观意愿决策和经营的现象，监事会更是名存实亡。在调研的11家科技园区中，只有复旦、同济、上理工和创业中心4家园区，实行了比较规范的"两权分离"体制运作，3家国家级大学科技园区恰好进入国家A类行列，并且都发展到服务模式增值输出阶段，实现了异地跨越式一园多基地发展。相反，更多的科技园区还处在体制胶着状态。"两权"不分带来的直接问题是发展战略缺失、经营管理自发盲目、监管形同虚设，企业运营也就注定偏离市场和竞争轨迹，并未摆脱传统国企粗放运营弊端，国有标签和特征依然非常鲜明，可持续发展能力和市场竞争力自然也就无从谈起。调研中还了解到，有的科技园区不仅常年不开董事会，甚至还出现擅自退出增资扩股本金等监管失控乱象，究其根源还是"两权不分"的体制弊端，带来的一系列经营管理问题。

（二）治理结构与现代企业制度仍然存在较大距离。科技园区"两权不分"的体制弊端，同样给内部运行机制和治理结构带来诸多问题。感觉最鲜明的是团队配置缺少职业经理人进入，内部架构和运行机制在战略研究、资本运营、市场开发等方面的投入与配置明显薄弱，治理方式绝大多数还属于传统管理型，没有建立起与市场对接的经营机制，基本处于"房东"角色和物业监管服务，以及招商推介等简单管理和单一手段服务状态，普遍缺少为园区发展提供战略引领、资本运作、市场开发、产品升级等服务。调研的11家科技园区只有复旦、同济、上理工园区和创业中心按照现代企业制度要求，采取了与市场相适应的法人治理结构和职业经理人团队管理体制，总经理不是高校选派而是社会招聘，也因此这4家园区的探索之路走得更远、业绩也更突出。特别是上理工科技园完全按照现代企业制度运营，与高校关系建立在股东与契约基础上，经营者聘请的是有香港履职背景的职业经理人，团队建设完全市场化配置、人员社会化聘用，与上理工的产权关系、责权关系和合作关系最清晰，在技术转移、资本运作、服务手段和模式输出上都走在前列，园区也更像一家专注于高校技术成果产业化企业。复旦、同济科技园也脱离了与高校的人事依附关系，经营者和团队也是面向社会招聘,经营管理层团队都在30人上下,内设资产管理和运营公司,涉足资本运作和跨区域发展。相反,其他园区的经营管理团队人员明显参差不齐,多与学校关联或直接委派或两边兼职,管理团队只有10人左右不等,中间还有退休返聘人员。

(三)经营模式仍然习惯和热衷于扩张式简单粗放发展方式。科技园区运营内容和经营手段,基本上属于用外包和要素集合手段开展管理和服务,由此构成了业务经营的主要内容,具有自主开发服务的产品稀缺。科技园区为园区内企业提供的基础服务、专业服务和投融资服务这三大块服务,前两者是服务的主要内容,内容供应商基本来自于政府相关管理机构和专业企业服务,园区发挥的只是服务代理和外包窗口集合作用,扮演的是政府服务的延伸和社会服务购买角色。投融资服务也只是引进各类基金组织和风险投资机构,以及对接政府政策支持,扮演的是投资和政策落地纽带和平台中介角色。即使在投融资服务先行一步的复旦、同济、上理工、财大科技园和创业中心,大多也是结合园区自身特色,在载体建设入股投资、技术和融资产品开发入股、品牌和管理模式异地输出入股共建代管等方面,做出的也大多是浅水区涉足,面向园区企业直接投融资,特别是选择园区有成长力的企业捆绑进入资本市场融资,还尚未有大的动作和案例。分析其中原因主要是缺少相应的资本实力和专业管理团队操作,加上园区关注点和兴奋点也大多志不在此,更多的关注依然是规模扩大和地产扩张。几乎所有科技园区共同的呼声是规模不够,寄希望于政府拿出更多土地支持规模扩张,因为有了规模就有了地产开发和房屋租赁收入,也相应带来园区企业数量的增加,由此还能够拿到政府更多税收返还奖励,可谓"一石三鸟",自然也就缺少走进市场的冲动。

(四)生存发展和市场运营能力仍然处于贫血状态。杨浦几乎所有科技园区的经营收入,主要来自三部分:维系运营的基础是地产开发和房产租赁收入。由于这十年房地产市场和租赁市场看好,这一块基本可以保障园区硬件运营和人员工资支付;增值和积累来自于园区企业上缴地税1/3

的地方激励政策返还。这一块科技园区关注和呼声最高，甚至提出如果政府取消这块，科技园区生存都会出现问题；最微弱的也是最有潜力和应该努力的是投融资服务。这一块现在的比重很低，在收入构成中基本是"业余补充"位置。由此可见，科技园区运营目前基本还处于发展初期依赖政策支持"输血"生存状态，自身"造血"能力明显不足，更缺少"造血"的动力和机制。仍然以上理工科技园为例，虽然2004年8月才组建成立，靠租赁第一丝绸印染厂废弃厂房和3000万元注册资本金起步，载体属临时用地又不能抵押融资，但却一年一个台阶稳步发展。2011年注册资本已发展到7500万元，完成区级税收1158万元，保持年均107%的速度增长，究其原因是不找校长找市场，是市场运营机制拯救了自己。相反，很多有固定资产积累的园区，却更习惯于依附背靠的学校和政府政策，"造血"内功基本荒废。据统计推算，科技园区经营面积约占杨浦商务资源总量近1/3，但地税完成额去年还不及总量1/10，还要从中返还1/3支持其运营，可见投入之大与贡献之低。

三、按照市场取向和现代企业制度，把科技园区塑造成为面向市场发展的创新主体

杨浦科技园区发展到今天规模来之不易，虽然有问题但更有成果。如何正视和面对园区发展中存在的问题，尽快走出发展初级阶段瓶颈，加快向更加成熟的发展阶段推进，是摆在科技园区面前的当务之急。科技园区承载的已不再是单纯楼宇经济概念，也不再是简单的城市形象和门面，而是肩负着对城区发展的创新引领功能。从这个意义上讲，杨浦建设国家创新型城区的战略支点在科技园区、未来希望和潜力也在科技园区，科技园区有位更有为。

（一）要充分发挥好国资监管部门的监控作用，加大对科技园区国有资产运营质量的跟踪与监管。经过调研了解和初步匡算，杨浦科技园区从开发建设到运营资本，都得到区政府大力扶持和资金投入，仅原始资本投入这一块大约就有2个亿，约占园区原始资本总额1/5上下，是一笔数

目可观的国有经营性资产，由划入科创集团的原五高科、城投集团和新杨浦集团作为出资人代管。区国有资产管理部门要纳入经营性管理范畴，坚持分类管理原则，加强直接监管、健全委托监管，形成经营预算、业绩考核、薪酬分配三位一体监管考评体系，严防国资管理失控和收益流失。要对投入科技园区的国有资产进行全面盘点和清理，健全完善国资监管备案制度、国资监管督察制度、国资监管重大事项报告制度等三项工作制度，建立健全指导监督、跟踪工作机制，完善企业监事会、财务总监、内部审计三管齐下的国资监管体系，以及国资统计、财务审计、企业会计三计联动的基础管理体系。要按照"有所为又有所不为"的方针，发挥国有资本对高新技术和战略性新兴产业前期引导性投入作用，控制、收缩甚至加快退出已进入竞争领域的投入，提升国有资本市场运作能力和收益水平。对资产负债率较高的科技园区，要建立预警系统和制定降低资产负债率预案，加大对这部分园区国有资产布局调整和运营监管力度，防止国有资产贬值和流失。

（二）要发挥国有出资人和股东的决策领导作用，加大对科技园区治理结构和发展战略的督查与约束。科创、城投和新杨浦集团在科技园区扮演着国有资产出资人和董事会股东身份，要切实履行和承担起出资人责任。要扮演好"守护神"角色，加大对法人和经营者监督力度，努力在发展战略、运营管理、团队建设、成本控制等方面，规范科技园区严格按照公司法和现代企业制度运营，普遍推行建立职业经理人专业团队，切实承担起股东应有决策与监管职责。要承担起保值增值责任，加强对科技园区资产运营和企业发展的管理与约束。要加强董事监事队伍和财务监管队伍建设，提高出资人代表履职能力，选用懂战略、会经营、善管理的人出任股东会代表。要实行出资人代表年度考评制度和任期考评制度，重点考评出资人代表履行职责过程中的职业操守、履职能力、工作实绩等。任期考评要在年度考核评价基础上，对任期内履行职责情况进行综合全面评价。出资人代表的评价结果要与选拔任用、薪酬分配直接挂钩，制定实施专职董事、监事薪酬制度，采取基薪和绩效薪酬两部分组成，对考核优秀有重大贡献的董事、监事薪酬要体现分配激励导向，对失职、造成损失的要给予处罚甚至追究法律责任。

（三）要充分发挥科技园区办的协调指导作用，加大对园区建设和发展的指导与服务。区科技园区管理办公室作为区政府归口管理的综合指导、协调服务部门，要按照规划、指导、服务、协调、管理、推进12字工作职责，加强环境、政策、信息、市场开发等"软服务"。要发挥窗口服务作用，及时向园区发布政府相关发展规划、产业导向、扶持政策、项目建设等信息，指导各园区与区发展规划建设、发展重点全面对接，推进载体和功能建设，协调解决发展运营中瓶颈和问题，搭建"三区"联动纽带和平台。要研究编制科技园区发展规划和产业布局规划，指导园区根据国家、市和区的发展战略，结合各园区发展实际，制定各自中长期发展战略，把各园区发展统筹纳入区总体规划。要发挥信息集散交流作用，建立园区间企业对接制度、定期例会制度、信息交流制度，搭建社会资本、高校、研究机构、企业和政府部门共同参与的沙龙性平台，有效链接各类创新主体和创新要素合作。要发挥行业指导与规范作用，关注园区运营情况和政策绩效，总结推广先进模式和经营管理手段，引导园区加快改变单一经营模式，推进强强联合、优势互补，集合园区整体优势，帮助园区在内涵挖潜和走出去发展上做大做强，提高园区品质和产出贡献以及竞争力。

（四）要充分发挥政策手段的调控和调节作用，加大对科技园区转型升级的引导与倒逼。杨浦目前支持科技园区发展政策，依然在延续十多年来采取的支持载体建设、注入资本金启动和实施地税分成激励等手段。随着一批科技园区基本完成发展初级阶段，现行普惠性政策已不能满足园区发展需求，应随着发展变化研究出台新的政策手段，推动科技园区加快转型升级和内涵式发展。要重点研究差异性特惠政策，把政策导向建立在由重存在转向重发展、由济助性转向激励性、由重载体建设转向重主体培育上，根据各园区发展现状采取因园而异措施，逐渐削减和终止目前沿用的比例分成返还政策，用倒逼机制推动园区面向市场实施运营结构改组。同时，拿出政策性退出这一块，加上园区国有投资所有者权益所得，两者打捆再集合其他相关政策一起，成立杨浦创新型企业培育和发展专项资金，与科技园区一起合力转向扶持园区内有成长力的企业，以及以市场为导向、企业为主体、大学和科研院所为支撑、有契约关系具有产业技术创新战略联盟属性的科技园区，通过政策投入、资本进入、监管介入等手段，培育本土化原创性能够达到国标的拥有自主知识产权、核心技术和知名品牌、具有国际竞争力的国家创新型企业群，以此带动更多中小企业发展，集聚和转化更丰富创新资源和创新要素，打造国家创新型城区赖以支撑的优势产业和创新型企业群体，朝着以提升核心竞争力为目标的创新驱动、转型发展方向前进。

四、课题研究

课题研究是党政机关近年来使用越来越多的文体，一般用于破解瓶颈问题改变现有状态为决策提供依据的专题研究报告，大多是根据工作需要委托专业智库机构承担。课题研究与调研报告两种文体有很多相近处，都是针对具体工作面向实践以调研为基础取得的成果，不同处在于常规调研比较单一而且分量也比较轻，基本圈定在指导和推动某项具体工作上，偏重于机关内部围绕工作开展的活动，从中找出经验或教训指导推动今后工作，组织运行也以部门力量为主、局限在内循环展开，是机关日常工作的一部分。课题研究的指向是问计于研，是机关调研工作与学术研究模式结合的产物，要借助专业研究力量找到破解之道，调查只是工作的一部分，占很小比重，大量的工作是依据数据库，通过对国内外相关案例作出比较分析，找出规律和趋势制定相应对策措施，提供一揽子解决方案。

课题研究通常要分解出多项专题调研协同展开，以专项报告成果作为基础和依据，站在系统集成角度进行分类梳理，作出顶层设计和提出解决方案。课题研究起点更高，投入的资源和人力具有攻坚战特点，场景也更宏大，牵涉的问题也更多，能够更好地应对事物发展的多元立体构成特点。课题研究报告作为课题研究的终极呈现成果，需要建立项目化合作机制和成果后续转化应用机制支撑。党政机关作为项目牵头人和管理应用者，前期要成立课题组做好组织协调和资源保障，指定部门负责专人协助配合建立有效工作对接，为智库和分课题组协调提供资料台账、协助备课，统筹协调推进中遇到的具体问题，后期要对成果做出可操作化的深加工转化。统筹谋划和协调推进的过程，就是开展常规工作的组织领导过程，包含组织动员和群众工作等领导方法。

要抓好启动、过程、终结、转化四个环环相扣的关键环节。启动环节要确定课题目标和内容、建立领导小组和课题组，制定课题方案，明确方法、步骤、时间节点，然后召开专题会做部署动员，明确分工落实任务，建立组织领导和工作协调机制。过程环节要组织课题组人员培训，邀请专家提供专业辅导和理论支持，然后制定分课题和专项课题方案。分课题组进入整理台账和历史资料，开展调研、访谈、问卷和抽样，召开座谈会、研讨会、协调对接会等，然后开始起草分报告和调研总报告提纲，运用统分结合的方法，总课题组与分课题组始终要相互衔接、相互促进、同频工作。终结环节要依据写作提纲和分课题成果起草总报告，初稿完成后征求分课题组成员单位意见作内容确认和完善，然后报送领导小组成员和召开专家座谈会论证完善、相关部门同步征求意见调整补充，做进一步修改完善后报送主管机关和领导走会议审议程序，需要补充完善的再开展"回头看"整改，最后资料归档立卷转入决策和转化环节。转化环节是依据总报告列出的任务分解明细，转入相应职能部门制定具体方案和行政公文推进落实。

课题负责牵总协调部门是决定课题质量的关键，要有全程跟踪和有效对接机制做保证。要把握好课题方案的设计、各方意见汇总协调、总报告与分报告关系处理三个重要环节。其中，课题方案设计是起步阶段要站高望远把题审好，立足于从宏观着眼、微观入手角度思考和谋划，拿出的方案要倾听各方意见防止跑偏，对不同意见要有足够的吸纳消化和转化能力，按照部门责权分工作出任务分解以便于跟进实施。牵总协调部门要做好指导，帮助智库和分课题组有的放矢地开展工作，把握需求导向，协调认定出现的相关问题，并且不可避免地要经历一个从实践到认识、再从认识到实践不断循环往复的工作过程，要掌握情况及时对接协调形成统一共识。这个过程是保证课题各方参与部门协同工作，做到无缝衔接、稳步推进的基础。

组织推进时要抓住统筹谋划和组织协调两个关键环节。在课题领导小组的领导下做好协调推进工作，密切追踪分课题和专项课题运行状况，关注课题的目标诉求、内容安排、时间节点，通过定期碰头会、跨部门协调会、现场调研面对面协调指导等形式，做到总课题研究与分课题推进始终在一个频道上行进。对分课题推进中遇到的问题要加强指导和协调，防止分课题在领会和操作上跑偏走样，同时根据分课题推进中遇到的变量及时调整完善总课题内容，随时掌控和及时研究协调过程中出现的新情况新问题，确保总课题诉求与分课题协同一体。分课题做扎实了总课题成果就有了基础和选择空间，这个过程也是总课题成果酝酿和把脉问计的过程。课题调研工作是机关组织方式和工作机制的具体应用，这里面包含着驾驭全局、协调不同意见形成共识、调动各方积极性形成合力等。

例文解析

本篇例文《控制人口规模，优化人口结构》，原题是《杨浦区合理控制人口规模、优化人口结构调研课题总报告》。这篇文稿是2013年区委年度重点调研课题总报告，作者是以课题组总协调人身份，依据协调推进情况和分课题组形成的5个分报告、2个典型案例和7份专题材料成果写作的。在组织协调推进和跨部门协作过程中，始终围绕摸清情况、找准问题、总结经验教训和提出具体对策的工作思路开展各环节工作，把过程细化为方案设计、专题培训、台账梳理、政策盘点、走访座谈、问卷调查、专家研讨和学习考察等环节，建立了定期协调会议制度和工作调研指导机制，确保总课题与分课题之间统分结合、一体协调推进。

总报告写作立足于最大限度地集成和转化应用分课题成果，按照结构化思路进行横式结构组合做板块化逻辑关系链接，形成了这份基础依据翔实的课题研究报告。第一部分集中梳理分析人口总量和结构变动情况，把来沪常住人口这块增量作为第二部分集中剖析，第三部分是以案例形式分类细分，寻找不同区域人口变动规律性因素，通过三个部分把人口变动的多元构成，进行了分层分类拆解做论点与论据结合阐述，为最后一部分提出对策措施提供扎实依据。这样安排结构便于把情况摸准、原因搞清和规律找到，既为制定调控措施提供有针对性的科学依据，也更符合人口问题的多元化和复杂性特征。人口管理是一项涉及众多部门的工作，具有动态性特点，因此开展课题研究跨度大、很有挑战性。总课题抓住规模和结构两个关键词破题，依据分课题材料梳理和找出人口与产业、环境、公共服务、社会管理四者关系，然后根据城市承载能力和发展需求，提出实施人口差异化区分管理调控对策，拿出一揽子系统调控方案，并按部门分工制定目标任务分解。

总报告是在反复推敲论证的过程中，集中各方智慧和意见建议的成果。初稿完成后首先征求分课题组意见，然后听取专家的意见和建议，再送区相关领导和部门征求意见，然后又报送政府办公会听取意见，最后再向常委会汇报。这个过程也是不断修改完善的过程，经过常委会会议讨论进入决策程序，决策后课题成果汇编报送市课题组，并印发区属相关部门和单位，目标任务分解表列入区委对区属相关部门和单位的工作督查事项，由此进入成果转化和应用阶段。相关部门和单位根据分解内容，结合职责分工制定相应方案和管理办法，作为人口管理和调控的规范性文件组织实施。

【例文4】

控制人口规模，优化人口结构[①]

按照市委年初确定的重点工作调研课题安排，区委把"合理控制人口规模、优化人口结构"调研作为重点工作之一，由区20多个部门和单位组成的课题组，依据市委课题组方案要求，结合杨浦实际，采取跨部门协作方法，对本区人口及其相关问题做了深入系统研究，形成综合报告如下：

一、本区常住人口总量、结构和布局变化情况

杨浦是中心城区面积最大、人口最多的老工业基地转型区。据四普、五普、六普统计口径和实有人口登记台账两条线数据，总量和结构与分布变化情况是：

（一）人口总量变化情况

1. 本区常住人口四普以来一直呈持续增长态势。1990年四普常住人口有112.45万人（按当时行政区划，含浦东歇浦路街道不含新江湾城街道）、2000年五普达到124.37万人、2010年六普达到131.32万人，六普比五普累计增长5.59%，年均增长0.54%，比全市平均增幅低2.7个百分点。截至2012年底常住人口数达132.07万人，位列中心城区第一，占上海总量的5.55%。

2. 户籍人口多年呈微量增长但2012年出现降势。五普户籍人口有107.95万人，到六普增长到109.16万人，十年增长1.12%。2012年户籍人口109.22万人，比上年减少0.01万人。

3. 外区户籍和来沪常住人口呈两位数增长。外区户籍迁入人口五普有

[①] 这是中共上海市委部署的年度调研课题，采取市区互动方式推进，市委人口课题总报告以及系列成果，在《科学发展》2013年第7期刊发。

9.52万人，到六普达到14.19万人，十年增长49.05%；来沪常住人口五普有15.25万人，到六普达到27.53万人，十年增长80.52%。

4.境外人员总数2009—2012年间基本持平。2012年境外人员有5518人，其中：港澳台1080人，常住境外人员3534人、占总人数64.04%。

（二）文化结构变化情况

1.本区常住人口文化结构均呈现逐步提升趋势。六普资料显示，在125.2万6岁以上的受教育人口[①]中，大专、本科、研究生文化程度的分别为16.65万人、20.54万人和4.5万人，比2000年分别增长66.96%、93.35%和209.32%。

2.青壮年人口文化素质提升较快。15~44岁青壮年人口有58.71万人，其中具有大学文化程度的31.46万人、占青壮年人口比例为53.58%，与2000年相比提升较快。

3.高学历人口行业分布集中。制造业、批发和零售业、教育行业、交通运输和仓储业、金融业、租赁和商务服务业6个行业，大专及以上文化程度从业人数占全部高学历人数的63.65%，明显高于其他行业。

（三）年龄结构变化情况

1.劳动适龄人口比例逐年下降。六普资料显示，常住人口中60岁以上人口有25.51万人，比五普增加5.45万人、增长27.04%，占常住人口的19.43%，比五普上升3.29个百分点。其中65岁以上老年人口增长13.15%，80岁以上的高龄老人增长123.96%，均高于全市平均水平。0~14岁人口五普13.82万人，六普减少到8.51万人。

根据联合国颁布标准，一个国家或地区60岁及以上人口比例超过10%，或65岁及以上人口比例超过7%，这个国家或地区的人口构成即属于老龄型。本区两项指标均已超过联合国颁布标准，属于老龄高区和劳动年龄人口缺口区。

---

① 各类受教育程度的人包括各类学校的毕业生、肄业生和在校生。

2.年龄总体结构失衡，老龄化和少子化现象并存。六普常住人口中60岁及以上老年人口是0~14岁少儿人口的3倍，而五普仅为1.45倍。据2012年底统计，户籍人口0~14岁有77754人，占户籍人口总数的7.2%；15~59岁有746539人，占总数的69%；60岁及以上有257048人，占总数的23.8%。老年家庭户占全部家庭户4成，全区45.77万户家庭户中有60岁以上老人户18.1万户、占39.6%，半数居民区老年人口超过20%。12个街道镇只有新江湾城街道60岁以上老年人口比例低于国际老龄化标准，其他街道都超过标准的1.5倍以上，老年人口比重超过20%的街镇有10个。

3.本区老年人口抚养负担重于全市平均水平。老年人口抚养比[①]由五普的22.19上升到六普的26.22，即负担一个老年人口的劳动年龄人数从4.51人变化为3.81人，高于上海市平均水平。

（四）少数民族人口总量和分布情况

1.本区少数民族人口总量总体平稳。截至2012年底，登记实有少数民族人口20995人，涉及51个少数民族。其中：户籍少数民族15587人，外省市来沪少数民族5408人、占少数民族人口总数的25.7%。据实有人口信息系统统计，少数民族现有人口中，回族、满族和蒙古族占主要成分，分别占本区少数民族总人口的59%、17.4%和8.8%。12个街镇中除新江湾城街道，各街镇少数民族人口都在千人以上，其中殷行、五角场、五角场镇和四平街道，少数民族人口总量高于其他街镇。

2.少数民族服务场所运行有序。现有清真挂牌网点16家分布在9个街镇，其中区属清真基本供应网点13家、市属清真基本供应网点1家。据2012年10月调查统计数据，现有各类清真非基本供应网点98家，主要为清真拉面店，从业人员多为来沪少数民族。宗教活动方面，有伊斯兰

[①] 老年人口抚养比又称老年人口抚养系数，是指老年人口数对劳动年龄人口数之比。抚养比越低，反映劳动力抚养负担越轻。

教江湾清真寺一坊，总建筑面积2401.9平方米，可容纳约900名穆斯林群众开展宗教活动。

（五）人口流动和导入导出情况

1. 人户分离现象日益突出。据2012年底统计，人在户不在人口共318774人，其中本区本街道（镇）内人户分离的有66171人，占总数的20.8%；本区跨街道（镇）人户分离的户籍人口有118903人，占总数的37.2%；居住在本区非杨浦户籍的本市人口有133700人，占总数的42%。

2. 户籍流出人口多于其他区县户籍流入人口。从六普统计数据看，本区户籍流出人口20.54万人，其他区县户籍流入人口14.19万人，净流出6.35万人。各年龄段流出人口人数均大于流入人口数，青年人口净流出占净流出近4成半。从流入流出比来看，20~24岁、15~19岁、0~4岁前3位，流出人口分别是流入人口的2.3倍、1.93倍、1.85倍。其中，20~24岁流出人口2.37万人、流入人口1.03万人，15~19岁流出人口0.88万人、流入人口0.46万人，0~4岁流出人口0.69万人、流入人口0.37万人。高学历人口流出数远高于外区流入数，大学本科学历流入流出数分别达到2.84万人和4.44万人、净流出1.6万人，流出人数是流入人数的1.56倍，研究生学历流入流出数为0.49万人和1.32万人、净流出0.82万人，流出人数是流入人数的2.67倍。拆迁成为流出和流入的重要因素。在六普流出本区人口中，拆迁搬家和寄挂户口分别为6.19万人和3.44万人，占流出人口总数的30.11%和16.77%。流入本区人口中拆迁搬家和投亲靠友分别为5.31万人和2.13万人，占流入人口总数的37.44%和14.98%。

3. 就业岗位与居住人口离散度高导致职住比偏低。按照营业地点统计的47万个就业岗位数占2010年常住人口数量职住比为0.36，远未达到0.8~1.2职住平衡水平。职住比相对较高的是西部，最高的是江浦和五角场街道分别为0.656与0.627，中部和东部滨江相对较低，最低的是殷行街道为0.176。据轨道交通数据测算，杨浦工作日早高6~10点流出人口12.2万人、流入人口7.2万人，净出人口5万人。按照中心城区轨道交通分担比17.99%计算，杨浦工作日早高峰净流出人口28.8万人，占常住人口的21.2%和劳动年龄人口的31.6%，是人口通勤流出区域，在中心城区轨道交通净流出乘客数量最多。

（六）人口密度和分布情况

1.本区人口分布由南向北倾斜。从三普到四普开始，人口分布出现由南向北倾斜现象，这一现象延续至六普，构成本区30多年人口发展总体趋势。南部由于旧改动拆迁原因人口导出较多，北部新江湾城、五角场镇随着城市副中心开发建设人口又呈现导入趋势，人口总量增长较快、结构明显优化。

2.人口密度总体保持平稳发展态势。常住人口密度五普为2.05万人/平方千米、六普为2.16万人/平方千米，2012年达到2.18万人/平方千米。从街镇分布情况看，延吉、控江街道人口密度最高，高于4万人/平方千米，人口密度较低的是新江湾城、长白、五角场等街道。各街镇人口密度"峰""谷"差距，从2010年的14.3倍缩小到12.69倍。

世界主要城市人口密度：日本东京都中央区面积10.18平方千米、总人口13万人，人口密度12770人/平方千米；纽约市曼哈顿区59.47平方千米、总人口160万人，人口密度26903人/平方千米；美国剑桥市18.47平方千米、总人口10.51万人，人口密度5693人/平方千米。

3.人均住宅面积稳步提高但仍低于全市平均水平。全区住宅建筑面积到2012年有3355.1万平方米，其中商品住宅1402万平方米、售后公房1489万平方米、老公房198万平方米、动迁安置房86.1万平方米、二级以下旧里180万平方米（共6.7万户，其中成片旧区156万平方米5.7万户）。人均住宅建筑面积从五普15.84平方米增加到六普23.07平方米、增长近45.64%。截至2012年人均住宅建筑面积已达25.3平方米，但低于全市33.9平方米的平均水平。近四年数据显示，通过动迁安置到外区的人口与本区商品房上市导入人口基本接近，旧改在人口总量上的导出效果不明显，但却起到了优化人口结构和改善居住条件的作用。

4.本区日出行量440万人次，出行方式主要是步行和非机动车。据出行总量分析，本区地面公交日出行总量87万人次、轨道交通日出行总量42万人次，公共交通方式占客运方式比例达29.4%，比全市25.2%高出4.2个百分点。抽样调查显示，五角场成为主要公共交通出行吸引点，区内人群主要出行方式为步行和非机动车，所占比例为56%。

二、来沪常住人口持续增长给发展带来的变化和挑战

本区人口保持持续增长的态势，主要支撑是来沪常住人口持续增长。人口流动性加速和外部规模进入，既给城区转型发展带来了人才和劳动力资源，以及发展生机与活力，同时也带来了公共资源、社会管理等一系列问题。

（一）来沪常住人口总量持续增长给老城区转型发展带来了"人口红利"，同时也带来了很多复杂因素和不确定性

1.来沪常住人口大量涌入是人口增长的主要原因。六普数据显示，本区常住人口131.32万人，比五普增长5.59%。其中，外来常住人口为27.53万人，增长80.52%，拉动常住人口增长的点数为9.88；本区户籍常住人口103.79万人，比五普下降4.88%，拉动的点数为-4.29。据身份证号识别分类，2012年个人所得税缴纳外来人口占比最高。其中：外籍7451人缴纳2.45亿元、总数和总额分别占0.93%和11.71%，外省市485084人缴纳8.63亿元、总数和总额分别占60.87%和41.12%，外区200420人缴纳6.45亿元、总数和总额分别占25.15%和30.74%，本区103958人缴纳3.45亿元、总数和总额分别占13.05%和16.43%。

2.来沪常住人口以青壮年为主，缓解和填补了户籍人口劳动力短缺问题。据统计2012年本区来沪人员[①]0~14岁人口有15716人，占来沪人员总数5.9%；15~59岁有235166人，占88.3%；60岁及以上有15335人，占5.8%。

---

① 来沪人员分为办证类和未办证类。办证人员数据通过社区事务受理中心系统与实有人口信息系统进行对接，未办证人员数据系社区综合协管队员通过上门采集，将信息录入居住证系统，居住证系统与实有人口信息系统进行对接。

3. 来沪常住人口来源地以江苏和安徽两省居多，居住地主要是北部和老城区以及闲置厂房较为集中区域。据2012年底统计，来沪人员来源地江苏、安徽、浙江、河南、江西、福建、山东、四川、湖北等中西部地区，占本区全部来沪人员总数的85.6%，以江苏（68684人，占总数25.7%）、安徽（56299人，占总数21.1%）居多。来沪人员以承租居民出租房屋为主、占总数的50.5%，承租工企闲置厂房和建筑工地的占19%，沿街商铺的11.4%，自购房占3.1%。

来沪人员居住地分布在五角场镇41883人占总数的15.7%，五角场街道30321人占11.4%，殷行街道30176人占11.3%，大桥街道27247人占10.2%，定海街道25421人占9.5%，平凉街道20815人占7.8%，江浦、延吉、长白、四平、控江、江湾新城等地区均为2万人以下，合计占总数34.1%。

4. 来沪常住人口仍以高中及以下学历为主从事低端商业及服务业，但受教育程度显著提高，专业技术人员比重上升。据数据比照分析，本区外来人口从业结构有两个明显的阶段性特征：四普和五普期间外来人口主要以从事第二产业和中低端服务业为主，五普以后从事高新技术产业和现代服务业比例逐渐增加。六普资料显示，6岁及以上外来常住人口中，大专及以上文化程度人口所占比重为23.02%，与五普相比比重上升16.8个百分点。

5. 来沪常住人口占外来人口总量不高，居住不足半年和不办居住证的占半数以上。据统计，来沪人员在本区居住半年以内的有129708人、占总数的48.6%，居住半年以上的137348人中居住0.5—1年的占8.1%、居住1—2年的占43.3%、居住2—5年的占35.5%、居住5—10年的占13.1%。办理临时类64841人、占总人数的24.3%，投靠类29179人、占总人数的10.9%，从业类10139人、占总人数的3.8%，人才类23518人、占总人数的8.8%，未办证的139379人、占总人数的52.2%。

（二）来沪常住人口持续不断增长缓解了产业转型升级与户籍劳动人

口供需矛盾，同时也加剧了人口承载和户籍人口就业再就业压力

1.人口变化带来了经济总量提升和结构优化。"十二五"以来，本区按照"两个优先、两个提升"的产业发展方针，经济总量不断提升，结构进一步优化。2012年全年地区生产总值完成1201.11亿元，按可比价格计算同比增长5%；二三产业增加值比例为62.1:37.4（不含烟草业为21.6:77.5）；三产比重比2010年提高1个百分点。税收完成744.85亿元，同比增长15.7%；区级财政收入完成70.97亿元，同比增长10%。

"两个优先"产业实现年均两位数增长。2012年以现代设计、科技金融为主导的知识型现代服务业实现增加值158.49亿元，同比增长9.4%，占三产比重为35.3%，同比提高0.7个百分点；完成区级地方税收17.55亿元，同比增长11.5%。以软件和信息服务业为主导的高新技术产业实现增加值35.01亿元、同比增长19.1%；完成区级地方税2.37亿元、同比增长5.8%，年均增长19.7%。

"两个提升"产业保持稳定增长。2012年以烟草为主导的都市型工业实现增加值674.46亿元，同比增长3.3%；完成区级地方税2.18亿元（不含烟草），同比下降11.6%。以商贸服务业为主导的商旅文体服务业实现增加值128.16亿元，同比增长3.5%；完成区级地税11.13亿元，同比增长7.7%。

2.外来人口主要分布在产业高低两端。据2008年经普各行业从业人数，结合2008—2011年区非公有制领域人才状况调查相关数据推算：2012年本区二三产业从业人员40.16万人，其中：第二产业从业人数11.92万人，第三产业从业人数28.24万人（占比70.3%）。从产业分布看，知识型现代服务业7.29万人，高新技术产业2.26万人，都市工业5.95万人，商旅文体服务业9.25万人，房地产1.11万人。知识型现代服务业中，外省户籍占42.52%主要集中在专业服务业和现代设计产业，境外人员占0.38%主要集中在专业服务业。高新技术产业中，外省占34.87%、外籍人员占0.24%，均集中在软件信息服务业。都市工业中，外省占23.65%、境

外人员占0.01%。商旅文体服务业中，外省占53.47%、境外人员占0.21%。由此可见，外省户籍人员主要分布在高低两端，高端劳动力集中在知识型现代服务业，低端劳动力集中在商贸和居民服务业。

3.高端产业发展成为吸引和集聚高端人口的重要载体。从总量看本区劳动从业人口总体文化素质不断提高，2007年非公有制领域企业本科及以上学历从业人口比例为17.78%，2011年该比例达到19.43%。从产业领域分布看，2011年"两个优先"产业从业人员本科及以上学历人数占47.78%、"两个提升"产业从业人员本科及以上学历人数占23.32%，均明显高于总体从业人员本科及以上学历人数比重[①]。2009—2011年知识型现代服务业中，本科及以上学历人数占比从23.52%上升到33.21%、研究生以上学历人数占比从2.5%上升到4.53%，高新技术产业中本科及以上学历人数占比从49.05%上升到67.42%、研究生以上学历人数占比从10.13%上升到11.11%。"两个优先"产业从业人员学历层次明显高于其他产业且呈逐年上升趋势。

（三）来沪常住人口家庭化比例提升带动了消费等相关产业发展，同时也加剧了义务教育、公共卫生、住房保障等公共服务资源供给负担

1.外来人口享有近1/5的公共财政支出总量。随着对常住人口逐步实施公共服务均等化政策，外来人口在义务教育、公共卫生预防保健、重大疾病防控、市政设施建设、市容环境作业等方面，与户籍人口享有均等的基本公共服务。按照外来常住人口占常住人口比重推算，本区公共服务支出的17%～18%用于非本市户籍的外来人口。其中：非本市户籍教育支出2008年为1.96亿元，到2012年增加到4.06亿元；公共卫生支出由601.8万元，增加到1159.6万元；计生服务支出由78万元，增加到201.5万元；职业培训由179.9万元，增加到490万元；社会救助人数居高不下，2012年救助总数比2008年增长了2.7倍，其中外来人口占救助总数比例始终在

---

① 2011年总体从业人员本科及以上学历人数比重为19.43%。

95%以上。

2. 外来人口享有近1/3的义务教育资源。2008年9月开始外来人口子女义务教育就学全部纳入公办学校目标，五年来享受义务教育的非户籍学生每年在12347~12620人，约占学生总数30%，有的学校比例高达90%。随着近年本市户籍出生人口数的增加，加之外来随迁子女学生的逐年增加，今年起对本地义务教育学校可容纳学生总数开始面临考验。

3. 外来人口享有均等的公共卫生服务政策。2008—2012年累计为外来人口接种免疫规划疫苗50.97万剂次，0~6岁外来儿童接种率在99.7%以上，为外来人口提供二类疫苗接种累计135106剂次。其中，对约350名外来流动人口肺结核病人进行的抗痨治疗费用减免报销额度达到56万余元。五年间共为4277名外地户籍女性从业人员开展艾滋病和性病免费筛查及艾滋病性病健康宣教。到2012年已基本与全区平均保健管理率持平，尤其是0~6岁外来儿童系统保健率已达到99%以上。

4. 外来人口享有不同种类的公租房服务政策。自2010年实施公租房政策以来，现有为外来人员提供中端服务的家连家白领公寓和尚景园公共租赁住房项目，以及为高端外来人才服务的新江湾人才公寓项目，2011年至今享受到公共租赁房的达到2528人次，同时对群租问题进行整治，2007年以来共处理600余起。

（四）来沪常住人口明显二元特征稀释了城区人口老龄化的尖锐矛盾，同时也加剧了城市综合问题和社会管理成本

1. 外来人口文化层次和就业收入二元特征明显。通过人才引进政策跨省市和跨国界流入的人口，这部分群体文化层次和就业收入明显偏高，但很大一部分外地流入人口属灰色流动群体，文化层次和就业收入处于中等偏下程度，居住和职业根植性和稳定性差。

2. 外来人口流动设摊现象逐年上升。外来人员从事流动设摊现象日趋严重，对市容环境、交通安全、食品卫生等都造成一定危害。主要成因是流动设摊经营规模小、手工操作、小本经营、有季节性和流动性特点，适

应了外来人口的进入;本区产业转型带来部分户籍人员下岗停职收入减少,生活水平和消费能力较低,为外来人口流动性强和无照经营提供了市场和需求;本区闲置厂房多、部分企事业单位疏于管理,出租给外来人口较多,为外来人口提供了廉价生活空间。据城管部门统计,流动摊贩从事早点摊年收入约4万元、夜排档10万元以上、流动设摊约5万元、学校医院周边设摊收入相对更高。

3.外来人口加剧了公共安全和社会管理压力。外来人口违法犯罪比例越来越高,农民工二代违法犯罪日趋严重。据统计,2012年公安分局在押刑事作案人员2006人,其中外来人口1202人占59.9%,2012年查获的犯罪嫌疑人员中农民工二代占40%以上。此外,为节约生活成本,外来人口聚集居住、商住合一、住房简陋,存在私拉电线等现象,消防隐患严重,违章和无证经营、违章设摊、买卖和劳务纠纷、打架斗殴时有发生。据统计,本区110报警案(事)件中有70%涉及外来人口。

三、本区人口总量和结构调控与管理区域构成细分案例

杨浦既有南部传统老工业区的中心城区特点,又有北部与郊区衔接的城乡接合部特征。随着城区发展和转型升级,区域内人口总量和结构存在着很大差异,带有鲜明的二元区情特点和转型阶段特征。

(一)城市副中心区域:功能提升带动人口总量增长和结构优化

五角场城市副中心是上海市规划确定的市级城市副中心之一,十年前这里处于城乡接合部位置。2003年开始实施聚焦五角场战略,集中建设了轨交、道路和现代商业商务区,不仅带动了五角场街道人口总量快速增加和结构优化,还辐射带动了东临五角场镇城市化和北部新江湾城开发,使这两个街镇从一产二产一步迈入三产高端。通过对这一区域内几个细部变化可以看出,功能提升是吸引和承载高端人口入驻的有效路径,也是实现人口发展和结构优化的关键。

1.创智天地功能区以空间和产业优化带动高端人才人口集聚。创智天地紧邻五角场核心商业区,周边环绕着复旦、同济、财大、二军大等知名

高校，成为辐射和带动五角场街道、五角场镇和新江湾城街道功能升级的引擎和增长极，形成了"三区融合"示范区和大型开放社区。这一区域由过去传统居住区和工商企业拆迁而来，通过空间置换实现了人口的转换调整，吸引了高学历外来人口和境外人员进入，高学历外来人口发展到占全区总数的20.12%，境外人员占全区总数的46%，两项指标均为全区之首。

2.五角场街道以城市副中心核心区功能实现人口总量和结构升级。五角场街道户籍人口2012年有11.7959万人，比2011年减少233人，同比下降0.2%。在户籍人口下降的同时，随着商业商务区的逐步完善，新兴就业载体吸引和带动了常住人口呈现加快增长趋势，商区和校区吸引人口导入的特征明显。

五角场区域第三产业从业人员2008年末有52074人占比79.46%，吸纳了全部就业的近4/5。二三产业从业人员研究生及以上学历占比9.55%，主要集中在教育服务、信息传输、计算机和软件业、科研与技术服务和地质勘察业；本科学历占比19.09%，主要集中在教育服务、信息传输、计算机和软件业、批发零售业；大专学历占比15.84%，主要集中在批发零售业、教育服务和制造业。可见五角场街道第三产业主要集中大专及以上学历人口，第二产业主要集中初中及以下学历人口。第二产业偏离度为-0.37劳动力处于析出状态存在转出压力，第三产业偏离度为0.1处于吸纳劳动力状态存在迁入潜力。

从人口密度来看，五角场街道人口分布呈现离环岛越远居住人口密度越高的空间分布格局。这符合城市副中心功能区基本定位，即环岛及其周边地区以商业办公区为主，白天上班购物人口相对较多，而夜晚居住人口相对较少。根据环岛派出所统计，2012年环岛地区外来人口有3万人，2013年增长到3.3万人。这些外来人口主要是环岛地区商服人员，白天在环岛工作夜晚大部分在附近居住，而五角场商圈逐步成型以来客流量日益增长，高峰时日均达到30万人次。

3.五角场镇和新江湾城街道通过高起点开发实现人口资源转换再分

布。20世纪70年代到21世纪初，五角场镇通过城中村改造及动拆迁腾出大量优质土地资源，2000年常住人口有10.81万人、人口密度为11384人/平方千米，大专及以上学历占17.4%。由于城市副中心带动开发强度加大人口出现回流，到2010年常住人口发展到17.9万人、人口密度提高到18841人/平方千米，大专及以上学历发展到占36.38%。新江湾城街道拥有中心城区最大的成片尚未开发土地，生态环境优良人口密度始终保持低位，作为城市副中心腹地和后花园近年来正在实施国际化生态型高起点开发，人口总量由2000年的0.77万人发展到2010年的2.73万人。两个街镇的优质土地资源和空间环境，吸引了高新技术企业和总部经济入驻，也吸引了高端房地产企业开发，由此带来了高端人口进入成为未来高端人口导入地。

（二）滨江百年老城区地带：产业转型和旧区改造引领人口发展与结构变化

滨江带是近代百年工业的缩影，记录了20世纪大工业和工人新村的历史。改革开放后伴随着产业转移和城区转型，逐步退出的传统产业造成大量下岗职工，给转型发展提供了转换空间。近年来，随着旧区改造逐步推进，这一区域有的社区单元已通过成片旧区改造大规模人口导出，完成了空间转化和产业与人口的吐故纳新；有的社区单元通过存量挖潜调整和产业带动，实现了产业与人口的同步优化与提升；有的社区单元由于改造和调整滞后，人口存量老龄化问题突出、增量人口洼地集聚效应显现，出现更为复杂的新旧矛盾和问题交织的困境。

1.四平街道通过对存量调整和挖潜改造用产业提升带动人口优化。20世纪90年代末开始，借助和依托社区内同济大学建筑设计优势学科影响力，采取区校联动、政府主动方式，通过对同济周边区域居民拆迁和企业土地收购、置换等方式，发挥高校的知识溢出效益培育发展新兴设计产业，从打造设计一条街起步逐渐拓展到设计带和经济圈，依靠存量调整逐步形成了环同济知识经济圈，现已成为年产值180亿元以上的国家特色产业基地，由此实现了区域内人口结构的优化。四平街道外来人口虽然只有1.52万人，但人口总量大专及以上比例却高达46.31%，且以本科和研究生学历人口为主，老龄化率指标也仅高于新江湾城和五角场街道，12个街道镇中处于第10位。

2. 江浦街道通过旧区成片改造人口规模导出实现产业与人口吐故纳新。在市里出台对旧区实施集中成片改造、人口导出安置政策支持下，市区联手对江浦街道改造拆除旧房5000余户、向浦东等地导出居民1万余人，加上对旧厂房收购建成占地1.7平方千米的大连路总部经济集聚区，目前已吸引500余家企业入驻，包括西门子公司、大陆集团、安莉芳和浦发硅谷等知名企业，引入商务人口5000余人，外籍人员分布2012年排位升至全区第2位，目前街道待旧改私房简屋人口仅剩5000人左右，有效推动了产业提升和人口优化。

3. 大桥平凉定海等街道改造滞后人口出现总量和结构双重问题。以大桥街道为例，传统产业淡出后工厂附近居住区从业人员大幅减少，由此带来外来低端人口集中涌入，成为低端居住、低端消费和低端就业流入"洼地"。据1500份外来人口抽样调查数据分析，社区外来人口年龄虽然21~45岁年龄段占83.1%，但从业层次、文化程度和收入普遍较低，从业领域主要是餐饮酒店服务员、个体工商零售、建筑装修、制造业一线、销售、家政钟点服务等中低端行业，初中及以下程度占60%以上，月收入3000元以下超过80%，外来人员来自农村的占83.7%，来沪常住人口总数由2002年9102人上升到2012年23058人，十年增长了2.53倍，占常住人口比例也由8.54%提高到18.38%。加上传统产业淡出后遗留的老工厂旧仓库尚待开发，一批廉租房、公租房等项目开始陆续落入这一区域，这些项目建筑容积率高、入住人口主要面向中低端群体，由此造成大桥街道不仅增加了社会救助、治安维稳压力，而且由于中低端人口大量涌入和挤占发展空间，产业发展和人口结构调整空间余地受限，各种潜在隐患和问题比较集中。

（三）大型传统居住区：人居环境拥挤和社区功能单一束缚了人口调控空间

控江、延吉、长白和殷行等几个传统居住区，历史上作为滨江产业带的生活配套延伸腹地和城市副中心辐射带动的人口导入大型居住区，从20世纪50年代发展起来的工人新村到20世纪80年代规划的居住区，始终承载大型居住区单一功能，产业大多局限在面向社区居民服务的餐饮、菜市场、日用百货、维修装修等行业。由于居住人口过于集中，缺乏足够的公共空间和新兴产业发展空间，难以承载和吸引外来高端人口进入，导致老龄人口远远超过全市平均值，给社会救助和公共服务提出了新的诉求。据统计，12个街道镇老龄化排名前3位的就是这一区域的延吉、殷行和控江。随着社区人口老龄化问题加剧，近年来社区不断加大居家养老公共服务投入，控江、延吉2个街道的探索非常有代表性。

1.控江街道整合资源引进社会组织应对社区老龄化。控江街道常住人口密度为44190人/平方千米，街道老龄化率高达26.75%，享受低保补助人数占比2.73%。面对社区老龄人口和退休产业工人低收入群体居家养老需求，街道努力挖掘社区和社会资源为社区居民提供所需要的公共服务，同时积极引进20家社会组织和企业28个服务项目，围绕居民生活所需提供项目化具有一定公共服务性质的社会服务，保持了社区和谐稳定有序局面。

2.延吉街道建立睦邻中心发展为老服务。通过统一规划拿出空间载体建立睦邻中心网点，实施项目化购买服务方式提供便民为民服务。社区睦邻中心建筑面积1300平方米，设有生活服务工作站、卫生服务点、老来客会馆、红色港湾俱乐部、星空剧场、艺趣苑、馨香书苑、健身房、亲子园、用餐中心等功能设施，按照需求采取每年列入政府购买服务目录，由街道提供硬件资源和项目清单，网上招标选取社会组织承接项目运作的方法，为社区居民提供社区事务管理、为老服务、青少年服务、家庭服务等一系列公益性社区服务。

3.长白和殷行两个街道也面临着人口拥挤和功能单一问题。长白街道既有新开发建设的居民区,也有传统居住区,近年来街道把公共资源和财力主要用于便民服务,来分担老龄化成本弥补居住环境不配套、现代服务业发展滞后出现的供需矛盾。殷行街道是20世纪90年代,承接市政建设配套拆迁人口规模导入区域,因当时缺少相应大型居住区环境配套,造成人口过于集中和功能单一、外来人口进入空间狭窄,很难引入高端带动,人口结构问题日益突出。

四、合理控制人口规模、优化人口结构的对策与建议

按照党的十八大精神和上海建设"四个中心"发展方向,着眼于杨浦国家创新型城区建设和区"十二五"规划确定的"四地四区"战略目标,参照国际城市发展相关指标和人口与区域功能之间的关联,提出本区人口调控对策和政策措施。

(一)调控思路

主要坚持四条原则:(1)牢固树立人口问题本质是发展问题理念。按照科学发展观以人为本和人才是上海唯一资源的要求,把人口问题作为统筹未来发展的根本,发挥行政调控和市场配置两个手段,坚持有所为有所不为,统筹研究区域功能、产业调整、发展布局、公共资源配置和社会建设管理问题。(2)坚持控制总量和优化结构两手抓。按照既要控制总量又要优化结构的总体思路,围绕拓展和增加产业载体与公共活动空间、减少住宅建设和降低住宅容积率、加大旧区改造人口导出力度,重点调控居住人口、创新创业就业人口总量和结构,努力提高劳动者素质。(3)科学设置人口总量和结构调控目标。坚持人口总量与资源环境相协调、人力资源与老城区改造升级相匹配、人的全面发展与基本公共服务供给相平衡、人口集聚与城区运行安全和管理手段相适应的基本原则,合理确定未来人口发展目标和政策取向,着力打造高端人才汇聚地和品质生活示范区。(4)立足区情采取分类差别政策措施。借助中心城区在城市综合体中的局部和单元优势,实施引进(高端创新创业人口)、限制(中低端服务业外

来人口）、疏散（旧区和居住密集区人口）、吸引（旅游购物流动人口）、严控（闲散杂人口）等综合措施，形成高端支撑、高中低合理、管理有序、调控有力、人口与环境和谐、可持续能力强的人口生态布局。

（二）调控目标

据城区控制规划测算，2020年本区可居住人口为100万人。据预测，至2015年本区住宅用地面积为1629.2公顷，新增商品住宅建筑面积84.45万平方米、动迁安置房建筑面积60万平方米，减少二级以下旧里41万平方米。至2020年规划住宅用地面积1575.4公顷、总量为3606万平方米。按照人均住宅建筑面积36平方米/人计算，规划可居住人口为100万人。据交通设施规划测算，2020年本区承受的人口在155万～160万。根据《杨浦区综合交通规划（2007—2020）》中的宏观交通模型，现路网平均饱和度为64%。预测2015年交通设施所能承受的人口在145万～150万，极限人口为155万，2020年极限人口为165万。据人口模型测算，"十二五"到2020年，本区常住人口总量将处于持续增长、户籍人口略有下降的趋势。预计到2015年常住人口达到134.8万人、户籍人口108.6万人，到2020年常住人口达到137.6万人、户籍人口107.6万人。

依据上述参数并考虑公共服务资源极限承载能力，本区人口总量和结构调整目标初步确定如下：常住人口总量到2015年预计达到137万人、调控目标控制在135万人以内，2020年预计达到145万人、调控目标控制在140万人以内。其中：户籍人口2015年预计达到110万人、调控目标控制在109.5万人以内，2020年预计达到115万人以内、调控目标控制在109万人以内；常住人口中60岁以上老龄人口比例2015年和2020年力争分别控制在增加5个和10个百分点以内、15～59岁适龄劳动人口比例2015年和2020年力争分别控制在下降5个和13个百分点以内、大专及以上人口比例2015年和2020年力争分别提高3个和6个百分点；"两个优先"产业从业人员占从业人员比例2015年和2020年力争分别增加9个和16个百分点，"两个提升"从业人员适度稳定和提供更多就业机会。

（三）措施建议

1.探索创新控制总量、优化结构的人口发展新路。抓住上海启动郊区新农村建设给城市外部扩张带来的机遇，用好规划和建设红线约束、产业和住宅项目前置审批门槛，采取借助旧改规模导出人口、调整产业结构和住宅开发结构调控导入人口等硬性措施，走出在合理控制总量中优化结构的路子。具体措施：

（1）把调结构转方式作为人口调控问题的首要途径。依据高端产业带来高端人口进入、没有高端产业就很难有高端人口进入案例，加大高端产业发展和空间拓展，严格限制和控制低端产业发展。"两个优先、两个提升"是典型的转型让渡期产业发展方针，随着转型深入要聚焦和放大"两个优先"产业发展空间、限制和压缩"两个提升"占有资源。要加大对"两个优先"产业载体开发力度，引进与之相匹配的专业型技能型创新型人才，研究出台鼓励高端人才集聚本区工作并居住生活消费在本区政策，加快高端人才集聚。

（2）把优化城区空间布局作为人口调控的关键手段。城市副中心区域要严格掌控新增住宅和容积率，特别是要严格控制中低端住宅，以及公租房、廉租房项目开发，提高新开发住宅档次和标准，注重环境生态以及公共空间配套。要提高住宅开发标准和价位，加大人才公寓类高档商务住宅开发，最大限度缩减与核心区土地级差和价格空间，以此为杠杆调控和优化居住人口结构与消费结构，用居住环境的优化带动人口结构和消费结构升级。要加大老公房和售后公房改造升级力度，通过适量拆迁改善老房、人口密集居住区环境提升环境品质，管控群租和低端人口居住空间。对控江、延吉、长白和殷行等大型传统居住区，要注重对现有存量实施二次开发和调整改造，围绕落实"双增双降"（增绿化率、增配套设施用地，降容积率、降建筑物高度）实施适量拆迁疏散人口，增加公共绿地和公共活动空间、完善商业服务等环境配套设施，努力挖潜产业发展空间。深入挖掘资源优势，疏导打通关联度差和零散建筑单元，解决功能区规模连片阻碍和断头问题，统筹规划提升区域整体功能，用环境和功能提升带动人口结构优化。

（3）把旧改规模导出作为人口调控的重要机遇。对平凉大桥定海成片待改造区域，加紧采取更为严格控制性管理措施，严禁成为外来低端人口特别是外来流动暂住"游击"人口流入地和黄赌毒泛滥汇集地。积极争取市里支持用好旧改政策，采取加大补贴力度、探索异地建设养老基地等鼓励政策，把人口规模导出作为战略性措施，以此增加新兴产业成长空间带动人口优化。对具备条件的旧区拆迁要用好土地收储政策，坚持高起点规划原则，在功能、建设标准、环境配套等方面升级标准，严控新增公租房、保障房以及其他低端住宅项目建设，对已经建成的这类项目要研究"腾笼换鸟"置换和环境美化优化升级，通过建设高品质住宅和人居环境引进高素质和高消费人口，实现人口优化和人与环境的协调发展。要努力挖潜产业成长和公共活动空间，提高工业和商业用地以及科教文化与公共用地比例，拓展公共活动空间推动产业发展，用产业带动人才集聚和人口优化。

2.探索创新更加完善的管理手段和方式。提高人口准入门槛完善行政综合调控措施，用好人才引进制度、居住证制度、房屋租赁制度等行政管理手段，强化政策调控功能和阶段时效性，确保人口流转需要的能引得进、控制的有门槛、不需要的能拦住。具体措施：

（1）加强法治建设完善外来人口居住证管理制度。进一步完善人口管理法律法规以及配套制度，加大对不办理居住证流入人口处罚力度，抓住"居住"这一关键要素，建立有效的信息收集和管理机制，明确用工单位、房屋租赁人、出租人的人口管理责任。按照明晰办理居住证基本条件，依据权利义务对等原则，将居住证制度与就业社保教育计生等相关制度有效衔接，实现社会管理、民生服务等领域运用全覆盖，把居住证作为抓手实施依证管理和调控。

（2）探索完善居住证内在功能形成管理与服务"凭证"模式。要提高居住证内在属性和功能开发与管理调控手段捆绑,加强外来人口积分制和诚信体系探索。针对外来人口结构特点将外来人口的社会行为,纳入积分制和诚信体系中,并与提供公共服务项目、类别、层级挂钩,用社会管理手段规范和约束外来流动人口的不良社会行为,通过持证享受就业就学就医和住房等公共服务项目或相关优惠政策,提高居住证的管理调控属性和功能附加,吸引外来人口办理居住证积极性,提升居住证"寓管理于服务"含金量。

(3)提升社会管理精细化水平压缩人口无序发展空间。以提升城区综合管理"大联动"平台机制效能为契机,坚持"疏堵结合"的原则,加大对群租和居民区违法建筑的整治力度,减少非正规落脚点产生隐患,挤出一部分在沪"非正规落脚"来沪人口居住空间。扩大公共租赁房对外来人员覆盖面,以解决外来务工人员基本居住需求为目标,加大合法规范居住的有效引导和管控。进一步规范企业用工形式,整治无证上岗和非法经营,加大对违章设摊管理力度,实行"街道牵头、多方联动、行业管理、共同参与"的社区管理机制,加强前置管理落实常态长效机制,挤出一部分在沪"无正当职业"来沪人口,提升社会面和居民区管理精细化水平。

3. 探索创新公共服务梯度化政策体系。全面落实最新出台的《上海市居住证管理办法》,采取梯度化福利政策、补贴性激励政策和市场化收费等差别化政策手段,对现行公共资源和社会福利实施政策杠杆调控,进一步完善和补充行政管理调控手段和方式。具体措施:

(1)增强公共财政和人力资源保障等公共服务供给。建立与经济发展和人口变化情况挂钩的公共服务财政投入增长机制,加大转移支付力度,减少基层财政压力,确保按照人口状况配备公共服务资源。对公共服务供给主要是教育和卫生实行积极的统筹调控措施,采取政策调控措施引导人口从高密集区向较低密度区域转移,改善人口分布不均衡和人均公共服务资源失衡不匹配状况。加大对社会组织、社会阶层和民办机构的培育扶持力度,提升社会组织和民营资本作为政府公共服务的补充和承接。大力发展行业和社会组织，推动职业培训、专业培训、各类社会服务机构行业自律和规范，努力为不同年龄、层次、类别的人员提供专业化岗位素质与技能培训，不断提升从业人口的专业技能和综合素质。提高对公共资源开发建设的投入，进一步提升城区公共服务能力和水平，形成保基本全覆盖差异化的完善公共管理与服务体系。

（2）建立与居住证积分管理相配合的梯度化公共服务制度。按照《上海市居住证管理办法》实施积分制政策规定，根据本区外来人口需求和实际公共服务资源供给能力，依照权利与义务对等原则，综合考虑外来人口来沪年限、工作履历、参保情况、纳税记录、诚信记录、履行法定义务情况等，在对公共服务进行分类分级设置基础上，向持不同等级居住证的外来人口提供相应类别和水平的公共服务，采取横向扩展服务领域、纵向增加服务功能措施，按照公平均等和非歧视原则，逐步缩小外来人口与户籍人口享受公共服务差距，努力改善和提高公共服务水平，提高公共服务供给公平性，适当兼顾针对性和差异性。

（3）推进各项人口服务管理政策的配套衔接。要梳理和规范各部门出台的相关人口管理与服务政策，进一步理顺管理关系，堵塞管理漏洞建立统筹协调无缝衔接机制，重点研究解决动迁补偿政策与计划生育政策不配套造成的违法生育，以及劳动就业与社会救助等相关政策不协调，导致有就业能力的户籍人口主动放弃就业增加社会保障负担等漏统漏管现象。制定出台人口政策要重视各部门间因果关联性，强化政策衔接和配套，提高统筹协调和精细化精准化，加强调控能力和机制建设，避免政策口径、标准不一，提高政策的整体效应。

4.探索创新人口管理与服务长效化工作机制。把人口工作纳入国民经济和社会发展总体规划和布局中，实行统筹规划、任务分解、责任落实、绩效评估工作机制，按照《上海市实有人口服务和管理若干规定》要求，落实人口管理市级综合协调、区级综合管理、社区具体实施的分层分级体制，用科技和信息化手段开发建立人口资源共享平台，整合各类资源和管理手段，切实加强基层基础工作，提高管理的精准性和有效性，建立起灵活有效的管理运行机制。具体措施：

（1）纳入经济和社会发展指标体系。把人口发展的主要控制指标，纳入到区"十二五"规划中期评估和后期实施以及"十三五"规划中，探索实施产业、人口、土地资源、空间布局"四规合一"，用规划强化和细化人口管理，减少调控盲目性提高精准性。要充实和完善人口管理调控领导小组，建立健全管理服务工作协调联动机制，实行政府主管领导牵头、主管部门牵总、相关部门协调配合的联席会议机制，统筹研究协调人口状况、发展问题和相应政策，做好预测咨询和政策绩效评定，形成地域长效化人口问题协调工作机制。

（2）切实加强信息采集等基层基础工作。要完善人口管理各项基础工作，规范工作内容和工作流程，健全和完善工作制度，发挥人口管理联席会议常态化和长效化工作机制的作用，形成统分结合、各司其职、有序有效的运行机制。要加强人口管理队伍建设特别是协管队伍建设，健全完善目标考核体系和责任制工作体系，建立人口动态跟踪、信息实时更新和监管有序无缝链接机制，确保人口管理工作及时有效到位。要加强对外来人口全覆盖登记和管理，以及对户籍人口登记内容的实时更新，增强人口管理的全面性、准确性和实效性，为科学决策和调控提供扎实有效的基础。

（3）建立统一联动的信息资源共享平台。加强部门之间的信息互通共享和政策对接协调机制，开发建设实施跨部门联合和资源开放共建共享平台，从人口的户籍管理、劳动就业、文化教育、计生、医疗、社会保障、住房等基础信息和相关管理与政策等方面，建立统一归口的人口信息采集、管理、共享平台，扩大人口数据的入口、统一人口信息发布推送的出口，对人口各项信息及变动情况实现全面统筹管控和实时更新，用信息化手段提高人口信息的准确性和有效性，把线上平台与线下管理有机结合起来，形成人口管理工作合力。

（4）在全面梳理市区两级政策基础上，做好市区课题诉求对接。建议市级层面：统筹规划中心城区人口规模，制定相应的约束指标和调控政策；建立全市统一开放的人口信息联动平台，用信息化手段推进人口管理和控制。

附：近期16项工作任务分解表（此略）。

第八讲

公文的目标与价值追求

  公文历经时代变迁文脉千年，既留下了生逢乱世秦代李斯的《谏逐客令》和三国时代诸葛亮的《隆中对》等一批治国平天下的建言书，成为千古流芳的传世经典和中华文化瑰宝，也留下过明清时代科举官方程式化"八股文"特殊文体，成为刻意追求形式做文字游戏的代名词遭到长久讨伐。一语不能践，万卷徒空虚。公文千年流变，不变的是风骨永存。风骨即风格，是公文的个性力量和境界修炼。公文写作有方法也有技巧，但真正打动人的力量是来自于风骨。本讲介绍决定和影响公文风骨的内在要素，兼顾历史流传的公文名篇欣赏和解析，让公文走进寻常百姓和人间烟火。

一、文以载道

"文以载道"出自北宋理学家周敦颐《通书·文辞》，已经作为成语广泛流传使用。郭沫若在《关于文风问题答〈新观察〉记者问》中指出："古人说'文以载道'，用现在的话说，写文章就是表达思想。"公文作为一种应用文体重在应用，更应该体现文以载道属性，承载之道主要包含规制令使功能、明事通情功能、参谋决策功能、宣传舆论功能、商洽联络功能、存储凭证功能六个方面。公文的产生和诞生机制，就是机关开展和推进工作的机制，这个机制是以工作缘起和依据为始点、目标诉求和价值归属为终点，中间是内容、措施、方法、步骤、组织方式和资源保障等行进节奏的点位和脉络，依据职责层级和行文规则前行。了解和清楚了行文目的和规则路线，也就了解和清楚了机关工作的运行机制。

公文有固定的体例和制作程式，如何在不变的体例和制式框架下，找到变量构建风格，让公文更有个性色彩和影响感染力？主要来自于领导团队和写作团队两方面因素。领导团队是指带领工作团队的部门领导和决策者，写作团队是指机关做专职文字工作的队伍。两个团队之间是领导和被领导关系，共同围绕着公文的诞生和执行开展工作。写作团队解决的只是写作技术问题，从事的是谋划辅政层面的工作，而领导团队是酝酿和决定公文诞生的决定要素。变量和差异产生在外部环境条件，以及两支团队知识结构和价值观上，这是决定公文风骨差异的核心要素。变量让公文拥有了鲜明的个性，也导致了治理方式选择和工作发展走势的差别。

早在秦汉时期就有"文书行政"之说，秦律明确规定："有事请殹，必以书，毋口请，毋羁请。"汉承秦制"文书行政"空前发达，东汉王充《论衡·别通》记载："汉所以能制九州者，文书之力也。以文书御天下。"汉高祖刘邦写就的《入关告谕》和《求贤诏》，带着"大风起兮"般的王者风范，前一篇寥寥数语开宗明义宣告了国家治理之道，这就是废秦法和规定三条法律，杀人的处死、伤人或者合偷东西的按情节轻重判罪、官吏人民各司其职各安生计。后一篇颁布诏书下令推举有治国才能的贤士大夫，开启了汉代察举制的先河。确实是山不在高有仙则灵，言不在多贵在于行。毛泽东的光辉文献《为人民服务》，是在悼念警卫员张思德追悼会上的演讲稿，却有感而发说出了共产党人的初心和使命，具有震撼山河的气势和力量。公文有套路也有固定制式，但真情实感、直奔主题、简明扼要，带着气血赋予文字现实生命的力量，让简单直白的公文具有感染力、让白描自带色彩，这份穿透人间烟火的震撼力，就是公文的风格和骨气。公文姓"公"，要有鲜明的立场和能够打动人的内在力量，气血风骨就来自于民间大众的人间烟火。

公文的"文以载道"主要是摆事实、找原因，讲出蕴含的道理，进而提出思想主张和工作思路以及对策措施，是通过从实践到认识发现规律找到办法，然后回到指导实践中实现的。当代公文的风骨是在复杂多变的社会发展进程中，综合运用各种知识和智慧找到变量背后的不变规律，然后制定出相应对策举措，开辟出新赛道，进入发展的新天地。风骨体现在决策能力和领导艺术与方法的运用智慧上，体现在合民心顺民意走在时代前列，具有凝聚力和感召力的价值观念引领力量上。国家推出的政策调整和治理之策，是通过公文的拟制发布和组织实施实现的，公文承载着治国理政和国家治理使命，由此推动了经济社会发展和历史变迁。公文在有效期是机关履职和社会治理的依据和凭据，公文进入档案馆成为馆藏则成为文献史料，以历史见证人和守候人角色，记下了人类社会发展的智慧和脚步。

二、居高声远

诗圣杜甫《望岳》诗中有著名佳句"会当凌绝顶，一览众山小"；虞世南在《蝉》一诗中也有"居高声自远，非是藉秋风"的绝句。运用到公文的诞生中则是部门领导带领工作团队，需要具有站高望远的宏观视野，以及站在前列的责任和使命，展开履职尽责组织和实施有效治理之策。站位和使命由于因人而异，因此导致了执政风格和决策选择的差异，差异带来发展方式和工作方式变量，也造就了公文风骨和价值与影响力的差异。领导者只有把握大局和大势发掘放大比较优势，处理好宏观与微观、整体与局部、上级与下级之间的关系，采取基层的事情用仰望视角提高站位对照政策看、上级的政策用俯视的视角换位基层实践看的方法，用换位思考的方法找到上下"联系"的结合点和关联性切换成共同价值，才能整合汇集力量形成一种气势和洪流，公文的文脉才会通畅转化成社会行动的力量。

秦朝大臣李斯写给秦王嬴政的奏议《谏逐客书》，就是一篇站在历史与当下、本国与外来风口上，用关联性和结合点作出共同价值判断的公文。文章先叙述秦国自秦穆公以来皆以客致强的历史，说明秦国若无客助则未必强大的道理，然后列举各种女乐珠玉虽非秦地所产却被喜爱的事实作比，说明秦王不应重物而轻人。文章立意高远，始终围绕"大一统"的目标，从秦王统一天下的高度立论，正反论证利害并举，说明用客卿强国的重要性，全文理足词胜雄辩滔滔打动了秦王嬴政，使他收回了逐客成命、恢复了李斯官职，为灭六国完成一统大业创造了人心所向的环境。毛泽东在中国共产党第七次全国代表大会上作的闭幕词《愚公移山》，选用《列子》中的故事把帝国主义和封建主义比作两座大山，以愚公自称表达中国共产党坚决反帝国反封建的决心，站在历史高点上指点江山，使全党和全国人民建立起推翻两座大山的信心，由此揭开了军民一心以摧枯拉朽之势气势恢宏的大手笔解放战争。

本书所选例文涉及齐齐哈尔市和上海市杨浦区，南北两地一城一区围绕老工业基地振兴这个共性主题，同步走过20世纪90年代国有企业改革攻坚期。分水岭是从进入新世纪出现经营城市理念开始，两地从此出现差异而且呈现逐步拉大之势。杨浦凭借长三角环境和历史底蕴，借力浦东开发开放优势，在经营城市理念下转型进入发展新赛道，城市功能和城区面貌完成了全面更新和优势再造，进入创新型国家建设的前列。

而齐齐哈尔虽然也紧跟时代脚步，在经营城市理念下城市也有了非常明显的发展进步，但却出现了位次后移发展相对滞后的现象，相同的时代背景和同一振兴使命，两地却呈现出不同的走势，这里有周边外部环境和条件、历史底蕴和发展基础、机遇意识和政策因素的影响，但也不能排除来自于决策选择和治理能力因素的作用，是各种主客观因素综合在一起的结果。

两地发展差异导致环境条件和决策内容与公文风骨的差异。杨浦区经过创新发展已经摆脱危困走上创新发展之路，而齐齐哈尔依旧在振兴路上奋力探索。进入快车道与走在探索路上，行进的时速和节奏是有差异的，承载的负担也是不一样的，从这个角度讲东北地区要付出更大的努力，承担更大的压力，才能缩短这段历史落差。进入新时代东北振兴正按照党中央的部署，奋力改变传统观念、体制和结构依赖，加快地方治理体系和治理能力现代化步伐，地方政府由此做出的决策和诞生的公文，已经越来越有生动鲜活特色和风采，黑土地诞生的公文也越来越引起全国关注。时代造就雄文和文章开风气先河，两者是相辅相成互为因果的，公文虽然不是靠文采取胜，却承载着改天换地开拓前行的谋划与韬略。

三、工匠精神

公文是一个地区或部门工作状态和精神风貌的体现，也是表达部门意志和主张、体现工作行动和智慧、展示目标愿景和工作成果的窗口。公文的诞生来自于机关履职活动的谋划设计和布局，公文的组织实施和执行是面向社会对人的调度与调整，只有诞生与执行有效衔接，公文才能发挥治理属性，才会推动工作和事物的发展变化。领导者带领机关团队围绕公文运行链，始终要有设计师胸怀和工匠精神。工匠精神是依靠信念和信仰，追求精益求精，不断改进和完善自我，是职业价值取向、职业道德、职业能力、职业品质的体现，基本内涵包括爱岗敬业的职业精神、精益求精的科学精神、协作共进的团队精神、追求卓越的创新精神，落在个人层面是一种科学精致的敬业精神，落在组织层面就是科学精神、创新精神、斗争精神加执着本色。

党的十八届三中全会明确提出全面深化改革的总目标是，完善和发展中国特色社会主义制度、推进国家治理体系和治理能力现代化。党的十九届四中全会通过了《中共中央关于坚持和完善中国特色社会主义制度　推进国家治理体系和治理能力现代化若干重大问题的决定》，随后中共中央、国务院印发《关于加强基层治理体系和治理能力现代化建设的意见》。加快推进治理体系和治理能力现代化从纳入总目标，到顶层设计再到基层推进紧锣密鼓，足见其现实意义和紧迫性。治理现代化的核心要义是科学、民主、法治三要素。党政机关是国家治理体系和治理能力的组织者和推进者，履行职责开展公务活动和制发公文，是国家治理体系和治理能力现代化的重要组成部分，必须把科学、民主、法治三要素作为根本遵循，做到从起点到终点全程体现和涵盖。

改革开放之路本质上就是加快现代化进程的赶超之路。本书例文可以看出南北两地在改革开放中以加快现代化进程为方向，在走过20世纪80年代试点探路、20世纪90年代国企改革攻坚、新世纪经营城市后，党的十八大开始改革进入统筹协调全面深化新时代。改革开放的主题从20世纪80年代放开产品市场和20世纪90年代构建要素市场，进入21世纪开始对接国际惯例实施营商环境改善和制度创新，走出了从实践到认识加快与国际对接的现代治理之路。中国式现代化是党领导的社会主义现代化，既有各国现代化的共同特征，更有基于自己国情的中国特色，是用发展着的马克思主义研究应对发展变化着的实践。党的二十大报告提出开辟马克思主义中国化时代化新境界必须坚持系统观念，不断提高战略思维、历史思维、辩证思维、系统思维、创新思维、法治思维、底线思维能力，为前瞻性思考、全局性谋划、整体性推进党和国家各项事业提供科学思想方法。

习近平总书记在庆祝改革开放40周年大会上指出："建成社会主义

现代化强国，实现中华民族伟大复兴，是一场接力跑，我们要一棒接着一棒跑下去，每一代人都要为下一代人跑出一个好成绩。"①在庆祝中国共产党成立 95 周年大会上又进一步指出："历史总是要前进的，历史从不等待一切犹豫者、观望者、懈怠者、软弱者。只有与历史同步伐、与时代共命运的人，才能赢得光明的未来。"②杨浦进入 21 世纪开启的转型进入新赛道，与大学双向奔赴形成新质生产力，把科学、民主、法治现代治理三要素运用到决策和执行系统，把系统思维和工匠精神转化为区域治理能力提升，治理能力激发效能产生出发展和综合竞争优势，因此走出了全面发展振兴之路。转型前十年杨浦也曾一度衰退和落伍，虽然作者没能亲历无法用写出的公文作为例证，但用同步走过 20 世纪 90 年代东北这段起草的公文，恰好可以作出相应的补证。两地公文案例见证了中国式现代化走过的实践历程，也记录了改革开放加快现代化步伐的过程。

四、"三观、两历"

清代文学评论家袁枚在《随园诗话》一书中曾言"友如作画须求淡，山似论文不喜平"，意思是说写文章好比观赏山峰那样喜欢奇势迭出最忌平坦。公文如何在固定制式下做到文似看山不喜平？主要靠管理学和领导科学展示出的思想和智慧魅力。美国管理学大师德鲁克创造了管理学这门学科，认为有效（effective）组织是社会稳定持续发展的基石，领导者首先要有清晰的发展方向和目标，领导力理念涉及最多的要素是使命、价值观、梦想、洞察、前瞻、愿景、大爱、荣誉、责任、热情、沟通、激励、承诺、变革、创新、业绩、团队、授权、发展、诚实、正直、勇气、尊重、谦逊、坚毅、专业主义、身体力行等。这些要素实际上就是人格和智慧的力量，公文只有融入这些要素才会打动人和感召人，由此

---

① 习近平：《在庆祝改革开放 40 周年大会上的讲话》，人民出版社 2018 年版，第 43—44 页。
② 习近平：《在庆祝中国共产党成立 95 周年大会上的讲话》，人民出版社 2016 年版，第 7 页。

具有焕发人的精气神和行动的力量。

　　领导者在推进国家治理现代化实践中承担着推动和引领使命，必须身体力行率先垂范、挑战现状勇于变革、信念坚定有感召力，感染激励干部群众共同追逐梦想和目标。领导者首先是觉悟者和行动派，要肩负起组织和领导使命，在群众还没意识和觉悟到的时候，就已经认定并作出决定和行动，当群众已经觉悟并将成为社会共识的时候，行动已经完成并呈现出令人惊艳的成果，思想和行为至少要比群众领先和超前五到十年，这样的人才具备先锋队和先进性特质，才能够承担起带领干部群众干在实处、走在前列的责任和使命。随着社会发展和市场细分，传统的点线思维已经无法应对复杂多元的社会变化，面对两难和多难需要应用工程思维和点线面体立体系统思维，多从事物发展联系的角度看问题，才能破解困局走出僵局眼界大开。毛泽东的光辉著作《论持久战》，就是面对抗日战争陷入困局境地，驳斥亡国论和速战论，把战争过程进行结构化拆分，分出战略防御、战略相持、战略反攻三个阶段，每个阶段确定相应的战略战术，提出了实行持久战的总体战略方针，坚定指出抗日战争最后胜利是中国的发展方向和目标。实践证明《论持久战》中的预见是完全正确的，这是公文独有的预测和研判功能，是改变现状走出困境的智慧和韬略。

　　应对复杂多变的社会发展局面，领导力在国家治理现代化中具有决定性影响作用。领导力来自领导者个体素养和团队结构构成的理念和能力两个方面，理念是信仰和初心决定的"三观"（世界观、人生观、价值观），是来自于时代发展和家庭环境、受教育程度和专业性、周边和职场环境影响三者构成的思想品格和价值追求。能力是"两历"（学历和阅历）决定的掌握并拥有认识和改变客观世界的工具与方法，其中：学历不仅代表拥有的知识和技能，更代表对新生事物的认知包容和自我更新改造能力，是接天线解决盲目和无知无畏问题，具备对事物发展规律的超前领悟能力；阅历是来自岗位历练补充学历实践短板，是接地气解决目中有人有的放矢把所学转化为所用，历练的是凝心聚力和应对复杂局面的实战功力。只有把"三观"升华出的理念与"两历"滋养出的能力两者融为一体，才会在认识客观世界的同时不断改造主观世界，自觉把科学、民主、法治现代治理三要素融入管理和行政工作中，才能按照党的二十大报告要求的必须坚持系统观念，为前瞻性思考、全局性谋划、整体性推进各项事业提供科学思想方法。

"三观、两历"是现代管理者驾驭复杂局面、推进现代治理的大考底色，也是决定一个部门或地区发展走势与兴衰的决定因素。杨浦转型前经历的十年艰辛和转型后的发展变化，来自于领导者把现代管理学和领导科学，自觉应用于决策和行动中。习惯了计划经济年代指令性躺平等候，就缺少足够的变革和创新勇气，因此才找不到出路和办法以致错失机遇。进入新世纪随着入世接轨和市场化程度加快，杨浦开始觉醒不再等靠要和听凭命运安排，领导者带着使命和价值观挑战现状勇于变革，运用经营城市理念依托高校实施精英治理，把梦想、洞察、前瞻、愿景、专业主义等领导力要素引入区域发展和治理中，义无反顾地摆脱传统观念束缚全力冲刺发展新赛道，逐步走上了实现全面振兴的坦途，这是领导者的"三观、两历"作用于区域发展和治理，带来城区命运改变的经典范例，由此成就的公文成为档案文献，留住了社会发展前进的历史足音，感召着后来人励志前行！

参考书目

1. 本书编写组编：《党政公文写作格式与范例（修订本）》，中共中央党校出版社2021年版。

2. 〔奥〕维克托·迈尔－舍恩伯格、〔法〕肯尼斯·库克耶、〔法〕弗朗西斯·德维西库著，唐根金译：《框架思维》，中信出版集团2022年版。

3. 王琳、朱文浩：《结构性思维》，中信出版集团2016年版。

4. 王群：《品读公文》，北京联合出版公司2016年版。

5. 张耀辉、戴永明主编：《简明应用文写作》，高等教育出版社2023年版。

6. 竺乾威主编：《公共管理简明读本》，复旦大学出版社2003年版。

后 记

  这是一本以公文的诞生为主题解析调查研究成果转化与应用的工作指导书。选取的视角和切入点采用一根扁担挑两头的方法，把调查研究、公文特质与地方之治三点一线串联，围绕公文诞生的起点本源和目标落点阐述原理与方法。例文选自作者从事公文写作南北两地30年有代表性的职务作品，立足公文的特质融入例文解析，把岗位经历与时代背景和地方探索一体展现，也是用例文解读改革开放和地方治理走过的实践历程。职场面对社会大舞台是考场也是战场，自己职场走过的南北两地虽然差异很大但共性更多，一个是东北地区解放最早的中等城市、一个是国际大都市上海中心城区的东北部地区，两地都处于东北方位都是老工业基地，都曾有过省会城市或市政中心的历史，都曾有过计划经济年代的历史辉煌随后经历国企改革的阵痛，都曾饱受危困努力寻求振兴之路，两地同步从破解"东北现象"出发，南北对接串联一体刚好是作者职场亲历的全面深化改革走过的探索历程，通过发掘公文所蕴含的写作技法、治理工具、文献史料价值，解析公文中所蕴含的调查研究与地方治理"力透纸背"属性，由此阐明公文在加快推进国家治理体系和治理能力现代化中的重大意义和价值，应该有着特别的现实启发作用和工作指导价值，这也是本书有别于市场同类书的亮点和特色所在。

  这是一本回报社会关怀承载职场亲历与心得的成长和感恩之作。感谢人生道路上给予过提携关怀的唐解放、李志、刘熙富、张志良、李文杰、张革、张成秀、田国梁、陈安杰等领导与师长。感谢上海市杨浦区委党校课程平台连续十年安排专题课程，让自己深入思考职场所得以及选择上海的理由，写出了一部以公文的诞生为主题、用例文记录"东北"振兴的书稿。感谢书稿编写过程中提供过指导帮助的王悦生、王国江、陆静、沈岱青、蔡煜等专家学者，以及家乡好友李大伟、李海、张振华、张海川、宋铁庚的全力相助。对例文起草时提供过支持帮助的领导和同事，书稿中引借同行网上和书刊发表的心得成果，书中没能全部列出，在此一并表示感谢。由于例文时间跨度长达30年，本着从史料研究的角度考虑尽可能保持原貌、从公文写作角度尽可能保持相对完整，因此对入选例文未做更多调整和技术规范处理。由于水平有限和视野局限，书中缺点和错误在所难免，欢迎读者批评指正。

作　者

2023年11月，上海北外滩